KB003058

마음의 속도

마음의 속도

자폐성장애인 차승훈의
평범해서 특별한 일상의 기록

한수희 · 박미영
지음

마루비

'존중어린 호기심'이 생길 수 있다면

이 책을 접하고 처음 든 생각은 차승훈 씨가 너무도 매력적인 청년이란 점입니다. 정말 그는 누구일까? 마구 궁금해집니다. 책에 나온 차군의 사진 이미지는 나의 궁금증을 더 증폭시키기에 충분하였습니다. 차군이 가졌다는 장애에는 별 관심이 없고 그가 살아온 25년의 이야기가 듣고 싶어집니다. 차군을 이런 멋진 청년으로 키워낸 어머니와 가족들, 선생님들 그리고 친구들도 만나고 싶을 정도로 25년의 스토리텔링은 충분히 근사했습니다. 차군이 유치원, 초등학교, 중고등학교를 모두 통합교육 환경에서 교육받은 점은 독자들이 유념해 보시면 좋을 것 같습니다. 비장애아동이 다니는 일반학교에 장애아동이 왜 가야 하는지의 이유는 특수교육 논문에서 100가지 이상 쉽게 발견할 수 있습니다. 그러나 장애아동이 왜 일반학교를 가면 '안 되는지?'에 대해서는 답이 매우 옹색하거나 거의 답할 수 없습니다. 왜냐하면 그것은 일반학교를 다니는 데 특별한 이유가 필요하지 '않기' 때문입니다.

이 책엔 차군의 하루하루 생활 중에 빛나는 보석 같은 이야기들이 많이 나옵니다. 그야말로 실제, real story 입니다. 누구에게 보여 주기 위해 과장되거나 덧칠된 이야기가 아닌, 차군이 하루하루를 그렇게 살아왔기에 그렇게 쓴 이야기입니다. 아마 그것은 장애가 있건 없건 인간이면 누구나 해내는 '일상의 숙제' 같은 것입니다. 그런 일상의 숙제를 우리 모두는 기꺼이 혹은 성실하지 않게 하기가 일쑤입니다. 그래서 차군은 자폐장애를 가졌다고 해서 특별한 것은 아닌데 그 일상의 숙제를 정중하고 진지하게 욕심 없이 때로는 실수를 하며 천천히 해내는 모습이 우리 마음을 두드리며 특별하게 다가옵니다. 인간으로서 그러한 진솔함, 약함, 무능력함, 성실함과 겸허함이 우리 모두를 격려하고 때론 위로하기도 하며, 반성케 하고 동시에 두 주먹을 불끈 쥐며 희망을 갖게끔 합니다.

비슷한 장애자녀를 키우는 부모님들이 이 책을 읽으면 어떤 생각을 할지 호기심이 생깁니다. 이 책은 물론 차군이 살아낸 25년 간 삶의 스토리텔링이자 한 어머니가 25년 간 아들을 키운 양육사의 비밀이 나오긴 합니다만, 무엇보다 차군 자신과 차군 어머니 자신의 실존적 성장기록입니다. 물론 이 세상 모든 부모는 자녀가 처음 태어난 날부터 다시 0세로 돌아가서 자신의 성장역사를 되돌려 자녀의 나이에 맞게 함께 다시 새롭게 성장하여야만 자녀를 잘 키울 수 있다는 것을 말하고 싶습니다.

이 책은 장애자녀를 키운 부모의 전통적인 양육수기와는 좀 다릅니다. 그러나 '장애란 무엇인가?'라는 가장 근본적인 질문을 하게 합니다. 장애를 가진 사람이 인류공동체에 주는 의미와 영향력이 무엇인지를 성찰하게 합니다. 부디 많은 분들이 이 매력 있는 청년의 25년 삶 속에 세밀히 숨어 있는 이야기들을 읽게 되어 '장애'를 가진 사람들이 살아낸 삶의 다양한 모습에 대해 점점 '존중어린 호기심'이 생기고, 그리하여 '장애란 무엇인가?'를 질문하게 되기를 기대합니다. 끝으로 어머니로서의 사랑과 작가로서의 통찰과 수고를 아끼지 않은 작가님들께 큰 감사를 드리며, 벌써부터 다음 책이 전해 줄 차군의 25세 이후의 멋진 이야기가 기다려집니다.

- 박승희 (이화여자대학교 특수교육과 교수)

차 례

프롤로그
세상에서 가장 느린 속도로 010

01 마음을 읽지 못하는 남자

:: 평범하고도 특별한 하루 016

:: 마음을 읽지 못하는 남자 022

:: 안녕하세요! 027

:: 매일 커피를 내립니다 031

:: 저는 매너 있는 남자입니다 037

:: 지하철을 타고 버스를 타고 042

:: 선물의 규칙 047

:: 장애의 능력 051

:: 멋져 보이도록 055

:: 사소하지만 중요한 배려 060

:: 제 친구들을 소개합니다 064

:: 승훈 씨의 사소한 생활 #01 068

:: 승훈 씨의 사소한 생활 #02 070

02 한 번에 한 걸음씩

:: 아이가 이상한 것 같아요 074

:: 유치원에 간 자폐아 079

:: 우리 동네 초등학교에 입학했어요 084

:: 당연한 일은 없어요 089

:: 서로의 눈을 들여다볼 때 095

:: 승훈 씨의 특제 카레 099

:: 한 번에 한 걸음씩 107

:: 혼자 고속버스를 탔습니다 111

:: 뭐든 할 수 있어요 116

:: 상처는 드러낼수록 가벼워져요 121

:: 평범해도 괜찮아요 126

:: 보이지 않는 것들을 배우는 법 130

:: 마음의 속도 134

:: 승훈 씨의 사소한 생활 #03 140

:: 승훈 씨의 사소한 생활 #04 142

03 그렇게 우리는 부모가 된다

:: 엄마도 자랍니다 146

:: 내가 너의 친구가 되어 줄게 152

:: 동생이 있습니다 160

:: 힘들던 고교 시절 167

:: 내 친구 재홍이 172

:: 아빠가 되는 법 178

:: 선생님은 사장님 183

:: 그렇게 우리는 부모가 된다 190

:: 승훈 씨의 사소한 생활 #05 196

:: 승훈 씨의 사소한 생활 #06 198

04 매일매일 행복하게

:: 화성의 인류학자 204

:: 조금 다를 뿐이에요 209

:: 우정은 어떻게 만드는 건가요 214

:: 편견 없는 세상에서 218

:: 마음의 부자가 되는 법 228

:: 그저 곁에 있어 주는 것 232

:: 매일매일 행복하게 237

:: 우리는 이 세상에서 함께 살아가는 이웃들 242

:: 승훈 씨의 사소한 생활 #07 248

:: 승훈 씨의 사소한 생활 #08 250

에필로그

사실 우린 모두 특별한 사람들 252

세상에서 가장
느린 속도로

그의 이름은 차승훈입니다. 올해 스물다섯, 건장한 청년이지요.

청년은 처음 만나는 사람에게는 꼭 자신을 "멋진 남자 차승훈"이라고 소개합니다. 그러면 사람들은 웃습니다. 그가 그렇게 말하는 이유는 엄마 때문입니다. 엄마는 언제나 그에게 이렇게 말해 주시거든요. "승훈이는 멋져. 멋진 사람이야. 최고야."

승훈 씨는 평범하고도 행복한 사람입니다. 일을 할 수 있고요, 일을 해서 번 돈으로 맛있는 것을 사먹을 수도, 선물을 할 수도 있습니다. 원하는 곳이면 어디든 혼자 갈 수 있습니다. 그가 어떤 사람이건 변함없이 그를 지켜 주고 사랑해 주는 가족들이 있습니다. 그리고 그를 아끼는 많은 어른들과 친구들도 있습니다. 바로 여러분처럼 말이지요.

그런데 평범해 보이는 승훈 씨에게는 비밀이 있습니다. 사실 비밀이라고는 할 수 없지요. 그건 승훈 씨와 잠시만 함께 있다 보면 알아차릴 수 있는 것입니다. 승훈 씨에게는 장애가 있습니다. 네, 그는 발달장애 2급의 자폐성장애인입니다.

자폐성장애란 타인과 소통이 되지 않으면서 지능 저하가 동반되는 장애입니다. 그래서 스물다섯 승훈 씨의 지능은 일곱 살에 멈춰 있습니다.

승훈 씨는 어린아이처럼 높낮이가 없는 독특한 억양으로 말을 합니다. 질문할 때처럼 끝부분을 올렸다가 다시 내려 혼란스럽게 만들기도 합니다. 가끔은 컴퓨터 번역기 같은 느낌이 들기도 합니다. 단어

하나하나를 느낌으로 받아들이는 것이 아니라, 정보로 저장해 두었다가 필요할 때마다 하나씩 꺼내 쓰는 것처럼 말이죠.

　그래서 승훈 씨는 말로 많은 것들을 표현하지 못합니다. 그럼에도 승훈 씨와 함께 있을 때 크게 불편하다는 느낌은 들지 않습니다. 말로는 다할 수 없는 것들이 있기 때문입니다.

　승훈 씨 곁에 있으면 승훈 씨가 지금 상대를 진심으로 좋아하고 또 신경 쓰고 있다는 걸 절로 알게 됩니다. 상대가 어떤 말을 해도 승훈 씨는 그 말이 세상에서 가장 중요한 말인 것처럼 귀를 기울여 들어줍니다. 그리고 자신이 아는 모든 단어를 총동원해서 그 말에 답을 해줍니다. 상대의 말에 토를 달거나 딴죽을 걸거나 가르치려 들거나 뭔가를 감추지도 않습니다.

　승훈 씨는 사람을 섣불리 자신만의 편견으로 재단하지 않습니다. 그럴 줄도 모릅니다. 상대를 있는 그대로 보아 줍니다. 승훈 씨 앞에서는 좋은 인상을 남기기 위해 불필요한 말이나 행동을 할 필요도 없습니다. 그저 편하게 자신의 모습을 보이면 됩니다. 승훈 씨 역시 좋아하는 노래가 나오면 춤을 추며 즐거워하고 속상하거나 슬플 때는 감정을 솔직히 표현합니다. 상대가 위로해 주면 또 금세 기분이 좋아지지요.

　그런 승훈 씨 곁에서는 신발을 벗은 것처럼 마음이 편안해집니다. 소라 고동을 귀에 대고 바다의 소리를 들으려 애쓰는 기분과 비슷하다고 표현해도 될까요. 잘 들리지 않는 것 같기도 하고 무언가 들리는 것 같기도 합니다. 편안하면서도 신기합니다. 따뜻하기도 하고 무심하기도 합니다. 어쩐지 피식 웃음이 날 것 같기도 하고 아련한 느낌에 사로잡히기도 합니다.

하지만 세상 누구도, 심지어 엄마조차도 승훈 씨가 지금의 모습으로 살 수 있으리라고는 상상하지 못했습니다. 그를 어린 시절부터 지켜봐온 이들은, 그리고 자폐성장애인이 자립해서 살아가기가 얼마나 힘든지 아는 이들은 이건 기적이라고까지 말합니다.

승훈 씨가 이 지구에서 살아가는 법을 익히는 데는 평범한 사람들보다 수십 배, 수백 배의 노력과 시간이 필요했습니다. 그리고 승훈 씨와 세상의 연결지점에는 평생 승훈 씨를 돌보고 지켜 주고 또 가르친 엄마가 있었습니다. 그런 엄마와 승훈 씨가 눈을 맞추기까지, "엄마"라고 부를 수 있기까지, 엄마의 말이라면 무조건 따를 때까지, 짧게는 10년, 길게는 20년이 걸렸습니다.

사람의 마음과 마음은 어떤 속도로 전해지는 걸까요? 승훈 씨에게 전해진 엄마의 마음은 얼마만큼의 속도였을까요? 어쩌면 그 속도는 세상에서 가장 느린 속도가 아니었을까요? 그런데 마음의 속도는 빠를수록 좋을까요, 아니면 느려도 괜찮은 걸까요?

지금부터 펼쳐질 멋진 남자 승훈 씨의 평범하고도 특별한 하루하루를 통해, 세상에서 가장 느릴 그 마음의 속도에 몸을 실어보시기를 바랍니다.

01

마음을
읽지 못하는
남자

평범하고도
특별한 하루

아침이면 승훈 씨는 일찍 일어납니다. 출근 준비를 해야 하기 때문이지요.

엄마가 차려 주신 아침밥을 든든히 먹고, 세수를 하고 양치질을 합니다. 입고 나갈 옷은 엄마가 미리 골라 주십니다. 같은 옷을 이틀 연속으로 입는 일은 없습니다. 엄마는 패션 센스를 십분 발휘해 승훈 씨의 '훈남 룩'을 완성시켜 주십니다.

옷을 입고 가족들에게 인사를 한 뒤 승훈 씨는 집을 나섭니다.

동네 어귀에서 마을버스를 타고 다시 지하철로 갈아탑니다. 지하철역에서 내리면 다시 마을버스로 갈아탄 뒤 직장에 도착합니다.

잘 다녀와, 우리 아들.

지하철 여러 번
갈아 타기도 문제 없어요.

승훈 씨의 직장은 서울시립어린이병원 내의 작은 카페입니다. 동료들에게 인사를 합니다. 오기 전에 편의점에 들러 음료수를 샀다면 언제나 두 개를 사서 하나는 같이 일하는 동료에게 건넵니다. 유니폼으로 갈아입고 손을 깨끗이 씻고 일할 채비를 마칩니다.

승훈 씨의 직업은 바리스타. 어떤 음료도 말씀만 하시면 다 만들어드릴 수 있습니다. 주문을 받고 계산도 합니다.

어느 때는 정신없이 손님이 많기도 하고 어느 때는 한가합니

제가 일하는 곳이에요.

카레가
어디 있지?

다. 한가할 때면 승훈 씨는 휴대폰으로 지인들에게 메시지를 보내
안부를 묻거나 통화를 하기도 합니다.

　8시간이 지나면 어느덧 퇴근할 시간, 동료들에게 인사를 하고
다시 마을버스를 탑니다. 집으로 곧장 돌아올 때도 있고, 아르바이
트를 하러 피자가게로 갈 때도 있습니다.

　일 주일에 한 번은 아빠를 만나 단골 미용실에서 이발을 합니

오늘은 아빠와 함께
이발하는 날

집에서 먹는 밥이
제일 맛있어요.

다. 끝나고 함께 외식도 합니다. 때로는 혼자 쇼핑몰에도 들르고 시장에도 들릅니다. 서점에서 책을 읽거나 문구점에서 필요한 물건을 고릅니다. 마트에서 우유도 사고 초콜릿도 사고 좋아하는 카레도 삽니다.

이제 다시 집으로 돌아올 시간입니다. 전철을 타고 마을버스를 타고 돌아오는 먼 길입니다. 현관문을 열면 먼저 돌아와 있던 가족들이 승훈 씨를 반겨 줍니다.

씻고 옷을 갈아입습니다. 함께 저녁을 먹고 오늘 있었던 일을 이야기합니다. 좋아하는 TV 프로그램을 보면서 다 같이 웃기도 합니다. 양치질을 하고 잘 채비를 합니다. 휴대폰으로 좋아하는 연예인의 사진을 보고 친구들에게 메시지도 보냅니다.

하지만 이제 자야 할 시간입니다. 내일은 또 일찍 일어나 출근을 해야 하니까요. 가족들에게 저녁 인사를 한 후 불을 끄고 잠이 듭니다.

이렇게 승훈 씨의 평범한 하루는 저뭅니다.

마음을
읽지 못하는 남자

자폐라고 하면 영화 《레인맨》의 더스틴 호프먼을 떠올리는 분들이 계실 겁니다. 그는 어눌한 말투에 강박적인 행동을 반복하고 수에 대한 감각이 비상한, 바보 같기도 하고 천재 같기도 한 남자였지요.

영화 《말아톤》에서 조승우가 연기한 '초원이'도 자폐성장애인이었습니다. 몸은 다 컸는데 하는 행동이나 말투는 어린아이 같고, 아무 데서나 춤을 추고 얼룩말 무늬만 보면 만지려고 달려들었죠. 무엇보다 '초원이'는 사람의 마음을 읽지 못했습니다. 가장 사랑하는 엄마의 마음도요.

두 인물의 특징은 사회성이 없다는 것입니다. 물론 자폐성장애는 자폐스펙트럼이라고 부를 정도로 그 증상이 다양합니다만, 중증의 자폐성장애에 한정해서 이야기해 본다면 우리가 특별히 배워서 아는 것이 아닌, 경험과 느낌으로 파악하는 삶의 작지만 중요한 규칙들을 자폐성장애인들은 이해하지 못합니다. 표정으로 상대의 속마음을 짐작하는 것, 남들 앞에서 특정한 행동을 할 때 수치심을 느끼는 것, 처음 접하는 일도 과거의 경험을 통해 처리하는 것 등, 어느 정도 나이가 들면 누구나 저절로 터득하는 일들도 자폐성장애인들은 쉽사리 해내지 못합니다.

자폐는 신경성 발달장애입니다. 이 장애를 안고 태어나면 타인과의 상호작용을 못합니다. 그저 혼자만의 세계에 파묻혀 지냅니다. 말 그대로 자신을 가둔다는 뜻의 자폐自閉입니다.

아기 때부터 안아 주려 해도 버둥거리며 싫어합니다. 다른 사람들, 심지어 엄마와도 눈을 맞추지 않습니다. 표정을 보이지도 않고 상대의 표정에 반응하지도 않지요. 손가락으로 원하는 것을 가리키지도 못합니다. 그저 돌봐주는 사람의 손을 잡아 끌어 자신이 원하는 것을 향해 데리고 갈 뿐입니다.

행여 말을 할지라도 다른 사람의 말을 앵무새처럼 따라하는 것에 불과합니다. 말의 의미는 모릅니다. 누가 불러도 고개를 돌리지 않고 듣지도 않습니다. 청각에 문제가 있는 것이 아닌데도 말이죠. 아이들은 보통 어른들의 표정, 말투나 행동을 흉내 내면서 사회생활에 필요한 크고 작은 기술들을 익히는데, 자폐성장애인은 그리 하지 못합니다. 기본적으로 사람에 관심이 없고 친구도 사귀지 못합니다.

엉뚱한 반복 행동을 하고 특정한 대상에 집착합니다. 틀에 박힌 일이나 의식에 고집스레 매달립니다. 사소한 변화에도 극도로 고통스러워합니다. 어떤 부분에 있어서는 감각이 지나치게 예민해서 견디지 못합니다. 이상행동은 통제가 되지 않습니다. 때로는 공격성을 보이거나 자해를 할 수도 있습니다.

자폐는 나을 수 있는 병이 아닙니다. 뇌의 알 수 없는 이상으로 인한 영구적인 장애입니다. 경미할 때는 도움이 필요하기는 하지만 그럭저럭 비장애인들처럼 사회생활을 할 수 있습니다. 하지만 승훈 씨의 경우는 중증입니다.

중증의 자폐성장애인은 말을 하거나 남의 말을 이해하거나 타인과 교감하는 것이 무척 힘들다고 합니다. 이런 자폐성장애인이 타인의 도움 없이 사회생활을 할 수 있는 확률은 많아야 1% 남짓이라고도 합니다.

그런데 승훈 씨는 혼자서 사회생활을 하고 있습니다. 완벽하지는 않지만 하고 싶은 말은 다 합니다. 남이 하는 말도 잘 알아듣습니다. 웬만한 집안일도 혼자서 척척 해냅니다. 어디든 혼자 다니

고 일을 해서 돈도 법니다. 뿐만 아니라 친구도 사귑니다. 친구에게 전화를 걸고, 만나서 함께 시간을 보냅니다.

승훈 씨보다 더 재능이 많고, 승훈 씨보다 더 비장애인 같은 자폐성장애인도 있겠지만, 승훈 씨만이 가진 특별한 능력은 바로 사회생활을 할 수 있다는 점입니다. 사회생활의 기본은 단순히 말을 하고 혼자 차를 타고 시키는 일을 하는 일상적인 기술을 갖추는 것뿐만이 아니라, 매너와 배려를 갖춘 사람이 되는 것입니다. 예의범

절을 지키고 규칙을 준수하고 그것을 넘어서 남을 배려하기까지 하는 것, 사실 자폐성장애인에게는 무척 힘든 일이지요. 그런데 승훈 씨는 매너를 지키고 배려를 할 줄 압니다. 누군가를 만나면 먼저 인사를 건네고, 작은 선물도 합니다. 문을 열고 들어갈 때면 뒤에 들어오는 사람을 위해 문을 잡아 줍니다. 자신이 먹으려고 산 과자를 옆에 있는 사람과 나누어 먹고, 일이 서툰 장애인 동료들을 도와주면서 "장애가 있어요. 도와 줘야 해요. 배려해 줘야 해요." 하고 말합니다. 그래서 놀랍습니다.

이 모든 게 하루아침에 일어난 기적은 아닙니다. 말도 못하고 눈도 못 맞추고 혼자 의미 없는 행동만 반복하던 승훈 씨가 지금의 모습으로 성장하기까지는, 엄마와 승훈 씨의 피나는 노력이 있었습니다. 그리고 그 세월은 눈물로 얼룩진 세월이었겠지요.

혼자만의 세계에 갇혀 있던 승훈 씨는 엄마의 손을 잡고 24년 동안 천천히, 천천히 세상 밖으로 걸어 나와 지금의 자리에 선 것입니다.

승훈이도 어엿한
사회인이에요.

안녕하세요!

승훈 씨는 인사성이 참 밝은 남자입니다. 누구를 만나건 밝은 표정으로 먼저 인사를 건넵니다. 기억력이 좋아서 한 번 본 사람도 이름부터 신상까지 다 기억하고 알은 체를 해줍니다.

"안녕하세요." "감사합니다." "미안합니다." 같은 인사는 자폐성장애인인 승훈 씨에게서 저절로 나오기 힘든 말들입니다. 무엇이 반갑고 무엇이 고맙고 무엇을 미안해 해야 하는지, 자폐성장애인 승훈 씨로서는 판단하기가 쉽지 않으니까요. '이런 상황에서는 이렇게' 라는 수도 없는 반복학습이 있었기에 지금처럼 이 말들이 입에 붙은 것입니다.

안녕하세요!
저는 멋진 남자 차승훈입니다.

승훈 씨는 인사성이 참 밝은 남자입니다.
누구를 만나건 밝은 표정으로 먼저 인사를 건넵니다.
기억력이 좋아서 한 번 본 사람도 이름부터 신상까지
다 기억하고 알은 체를 해줍니다.

✗ ✗ ✗

이렇게 예의 바른 승훈 씨이기에 남들에게서 미움을 살 일이 없습니다. 승훈 씨를 보면 인사라는 형식이 얼마나 중요한지 새삼 깨닫게 됩니다.

그런데 인사를 잘해서 좋은 일만 있었던 건 아닙니다. 하루는 동네에서 승훈 씨가 앞서 걷고 엄마가 뒤따라가고 있었습니다. 멀리서 두 모녀가 걸어오더랍니다. 승훈 씨는 씩씩하게 그 모녀에게 인사를 했습니다.

"안녕하세요!"

모녀는 그런 승훈 씨의 인사를 받아주기는커녕 무시하고 지나쳤습니다. 둘은 엄마의 곁을 지나면서 이렇게 수군거렸습니다.

"모자란 게 인사를 다 하네. 기분 나빠."

엄마가 승훈 씨 엄마인 것을 몰랐던 것이겠죠. 이런 일이 한두 번도 아니지만 이럴 때마다 엄마는 마음이 너무 아픕니다. 고작 인사일 뿐인데 그게 뭐가 그렇게 기분이 나쁠까요.

길을 가다가도 인상이 좋아 보이는 사람을 보면 무작정 다가가 인사를 하는 승훈 씨이기에 어떤 아저씨로부터는 다짜고짜 "당신 나 알아?"라는 소리를 듣고 당황한 적도 있다고 합니다. 무조건 인사는 좋은 거라 가르쳤던 엄마도 한국 사회에서는 모르는 사람에게 인사하는 것이 이상하게 받아들여진다는 사실을 깨닫고 노선을 수정했습니다. 엄마는 승훈 씨에게 이렇게 일러 주었지요.

"승훈아. 인사는 좋지만 아무한테나 하면 안 돼. 아는 사람에게만 해야 해."

그때 승훈 씨는 '아는 사람'이 무엇을 뜻하는지 몰랐습니다. 엄마는 일일이 우리 가족, 누구 엄마, 누구 아빠, 친구 누구 하는 식으로 아는 사람이 누구인지 가르쳐 주었다고 합니다. 이 사람들에게만 인사를 하라고요. 다른 사람들에게는 해서는 안 된다고요. 그래서 승훈 씨는 누군가와 마주칠 때마다 혼자 이렇게 중얼거렸지요.

"모르는 사람이야. 인사하면 안 돼."

그렇게 아는 사람에게만 인사하기에 익숙해지는 데 걸린 시간만 6개월이었습니다.

승훈 씨는 요즘도 인상 좋은 사람, 친해지고 싶은 사람에게는 먼저 다가가서 인사를 건넵니다. 그러니 만약 길에서 승훈 씨를 마주친다면, 또는 승훈 씨 같은 사람이 느닷없이 인사를 건네 온다면 너무 놀라지 마세요. 인사는 좋은 것이라고 배운 장애인 친구일지도 모르니까요. 그건 아마 인사를 하고 싶을 정도로 여러분의 인상이 참 좋다는 뜻일 테니까요. 그저 "네, 안녕하세요" 하고 인사를 받아 주시면 됩니다.

장담컨대, 그와 헤어져 가는 길에는 마음을 열어 낯선 이와 인사를 주고받는 여유를 되찾은 것만으로도, 부자가 된 것 같은 기분이 들 겁니다.

매일
커피를 내립니다

승훈 씨의 직업은 바리스타입니다. 주 5일, 아침 10시부터 저녁 5시까지 하루 8시간을 일합니다. 이렇게 일해서 다른 사람들처럼 월급도 받고 세금도 냅니다.

승훈 씨가 일하는 곳은 서울시립어린이병원 내 발달장애인들이 운영하는 커피숍입니다. 이곳에서 승훈 씨는 그저 형식적으로 얼굴만 비치는 것이 아닙니다.

손님을 맞고 주문을 받고 계산을 하고 거스름돈을 거슬러 주고 커피를 내리고 음료를 만들고 서빙하고 장부를 정리하고 매장 안을 깨끗하게 관리하는 것까지, 승훈 씨는 온전히 제힘으로 해냅니다. 후배 훈련생들에게 선배로서 일하는 방법을 알려 주기도 합니다.

　카페 손님은 병원 직원, 병원에서 교육이나 치료를 받는 장애인과 그들의 가족, 그리고 병원 근처 동네 주민들까지 다양합니다. 사람들은 이렇게 밝고 일 잘하는 승훈 씨가 자폐성장애인이라는 데 놀라고, 승훈 씨가 내린 커피 맛이 좋다는 것에도 놀랍니다. 비슷한 장애를 가진 아이의 부모님들이 우리 아이도 저렇게만 자랄 수 있으면 좋겠다며 승훈 씨 엄마에게 상담을 요청할 때도 있습니다.

　어떻게 자폐성장애인 승훈 씨가 바리스타가 되었느냐고요? 고등학교에 다닐 때 승훈 씨는 한 방송에 출연한 적이 있습니다. 자폐성장애지만 일반 학교에도 다니고 피자가게에서 박스 접는 아르바이트도 하는 고등학생으로 소개가 됐죠.

　방송이 나가고 얼마 후 전화 한 통이 왔습니다. 한 바리스타 학원이었는데요, 승훈 씨 같은 자폐성장애인이 바리스타 직업교육을 받으면 좋을 것 같다는 거였습니다. 그 얘기를 들은 엄마는 '이거다!' 싶었습니다.

　사실 엄마도 승훈 씨의 미래에 고민이 많던 차였습니다. 평범한 청년도 직업을 갖고 제힘으로 생활을 꾸려나가기 힘든 세상입니다. 그런데 장애인 승훈 씨가 직업을 가질 수는 있을지, 학교를

승훈 씨에게 이 일은
정말로 특별하고 소중한 것입니다.

졸업하면 어디에도 소속되지 않은 채로 무엇을 하며 어떻게 살아 갈지 걱정이었죠.

　자폐성장애의 특성상 정확하고 규칙적이면서, 어릴 때부터 비장애인들과 어울려 지내 사람들 속에 있는 것을 좋아하는 승훈 씨에게 바리스타 일은 잘 어울릴 것 같았습니다. 전화를 준 바리스타 학원에는 가지 못했지만 여기저기 알아보니 금천구 장애인복지관에서 장애인들에게 바리스타 교육을 시켜 준다고 했습니다.

　물론 아무나 받아 주는 건 아니었습니다. 시험과 면접을 치른 후에야 승훈 씨는 총 6명의 합격자 중 한 명이 될 수 있었습니다. 그때부터 고3 승훈 씨는 방과 후면 장애인복지관에서 바리스타 교육을 받기 시작했습니다. 교육을 수료한 후에는 복지관 내 커피숍에서 일하게 되었죠.

　평범한 사람들에게는 승훈 씨의 직업이 그리 대단치 않아 보일지도 모릅니다. 하지만 승훈 씨에게 이 일은 정말로 특별하고 소중한 것입니다.

　이 일을 통해 승훈 씨는 세상 속에 섞일 수가 있게 되었습니다. 사람들과 매일 눈을 맞추고 인사를 나눌 수 있습니다. 그리 많지는 않지만 돈도 벌 수 있습니다. 그 돈으로 좋아하는 사람들에게 밥을 사주고 선물도 사줄 수 있습니다. 자신보다 힘든 상황에 처한 장애

인들을 위해 적게나마 기부금도 낼 수 있습니다. 그러면서 승훈 씨
는 이 사회의 구성원으로서 나도 한몫하고 있다는 자신감을 얻게
되었습니다. 더불어 자존감도 높아졌습니다.

장애인인 승훈 씨에게 자존감이란 게 뭐가 그렇게 중요할까
의아할 수도 있습니다. 하지만 누구에게나 자존감은 중요합니다.
아무리 별 볼 일 없어도, 아무리 대단치 않아도, 아무리 힘겨워도

뭘 도와드릴까요?

✛ ✛ ✛

일을 통해 승훈 씨는 세상 속에 섞일
수가 있게 되었습니다.
사람들과 매일 눈을 맞추고 인사를
나눌 수 있습니다.

자존감만 있다면 살아갈 수 있으니까요. 그것도 튼튼하고 행복하
게요.

그런데 자존감은 누가 베푸는 것이 아닙니다. 자존감이라는 것
은 나도 어딘가에서는, 누군가에게는 필요한 존재라는 것을 스스
로 깨달으며 저절로 자라나는 것이지요. 우리가 직업을 통해, 일을
통해 배우고 얻는 것 중에는 월급이나 소속감도 있습니다. 하지만
그 과정에서 부록처럼 따라오는 성취감과 자존감도 무시할 수 없
습니다. 일을 하면서 우리는 돈도 벌지만 성취감도 느끼고 자존감
도 얻습니다. 그건 승훈 씨에게도 마찬가지입니다.

저는 매너 있는
남자입니다

　　승훈 씨는 매너 있는 남자입니다. 문을 열고 들어갈 때는 먼저 노크를 하고, 뒷사람이 들어올 수 있게 문을 잡아 줍니다. 남들과 부딪히면 미안하다고 말합니다. 패스트푸드점에서 밥을 먹고 나면 테이블 정리는 거의 승훈 씨가 알아서 합니다. 치우다 쓰레기가 바닥에 떨어지면 그것도 주워서 쓰레기통에 넣습니다.

　　사람을 좋아하는 승훈 씨는 좋아하는 사람들에게 전화를 걸어 안부를 확인하는 것도 즐기지만, 상대가 한 번 전화를 받지 않으면 계속해서 걸지는 않습니다. 예의가 아니라고 배웠기 때문입니다. 자폐성장애는 행동 통제가 쉽지 않아 아무데서나 큰 소리를 내거나 특이한 행동을 해 사람들을 놀라게 하곤 하지만 승훈 씨는 그것도 잘 참는 편입니다.

　함께 걸을 때면 걸음이 빠른 승훈 씨는 같이 가는 사람이 잘 따라오는지 계속해서 신경을 씁니다. 먹을 것을 사면 혼자만 먹지 않고 나눠 먹습니다. 후배 바리스타가 찬물에 설거지를 하고 있으면 다가가서 물이 차갑지 않느냐고 물어봐 주기도 합니다. 오랜만에 만나는 사람에게는 쪽지에 메시지를 써서 작은 선물도 합니다.

　이런 일들이 놀라운 이유는 승훈 씨의 장애가 자폐성장애이기 때문입니다. 자폐성장애의 가장 큰 특징은 타인과의 상호작용이 불가능한 것입니다. 소통이 안 됩니다. 상대의 얼굴을 보아도 어떤 기분인지 전혀 파악하지 못합니다. 사실 상대의 존재를 잘 인식하지도 못하니 감정까지 신경 쓰지 못하는 게 당연합니다. 매너와 배려라는 것은 자폐성장애인에게 어울리는 말이 아닐지도 모릅니다.

　하지만 엄마는 사랑하는 아들이 남들에게 불필요하거나 해가 되는 존재가 되기를 바라지 않았습니다. 어떻게 해서든 승훈 씨를 집 밖으로 내보내 세상 속으로 들어가게 하고 싶었습니다. 그런 엄마의 포부는 소박하고 또 원대했습니다. 사람으로 태어났으니 내 아들도 다른 사람들처럼 카페에 가서 차를 마시며 친구들과 이야기도 하고 밥도 먹을 수 있기를 바랐습니다. 그래서 엄마는 승훈 씨에게 매너를 가르쳤습니다.

빵 같이 먹을래?

식당에 가서 밥을 먹으려면 자리를 잡고 가만히 앉아 있기부터 해야 합니다. 그런데 자폐성장애인에게는 이게 보통 일이 아닙니다. 계속해서 몸을 움직이고 일어나서 돌아다니고 소리를 지르고 음식을 흘리거나 집어던지고 다른 사람들에게 다가가 건드리거나 침을 뱉거나 물건을 빼앗기도 합니다. 악의가 없는, 장애에서 비롯한 행동이라 해도 이런 식이라면 어느 곳에서도 승훈 씨를 반기지 않을 것이 뻔했습니다.

어릴 때는 승훈 씨를 데리고 식당은커녕 이웃에 가서 차 한 잔 마실 생각조차 못했습니다. 잠시만 방심하면 승훈 씨는 이웃집 물건들을 다 헤집어 놓았고 엄마는 그대로 승훈 씨를 데리고 집으로 돌아와야만 했지요. 그래서 거의 집에서만 지냈습니다. 대신 엄마는 집에서 밥을 먹을 때 승훈 씨가 가만히 앉아서 얌전히 밥을 먹을 수 있도록, 식사 매너를 지키도록 수없이 훈련시켰습니다.

일상생활도 힘든 자폐성장애인에게 매너라니 웬 말일까요. 아이에게 장애가 있는데 불쌍하다며 그냥 둘 수도 있습니다. 하지만 그러면 결국 승훈 씨는 밖에서 남들과 함께 밥 한 끼도 제대로 먹지 못하게 될 것입니다. 그건 영원히 외톨이로 살아야 한다는 걸 뜻했습니다.

그래서 엄마는 가르쳤습니다. 남들과 함께 살아가기 위해 필요한 크고 작은 예의와 배려의 행동들을요. 인사를 하는 것부터 문을 열기 전 노크를 하는 것, 계단을 오를 때 쿵쿵거리는 발소리를 내지 않는 것, 버스를 타기 전에 줄을 서고, 공공장소에서 시끄럽게 떠들지 않는 것, 친구에게 전화하고 싶을 때는 오전 10시부터 오후 9시 사이에만 거는 것, 그것도 한 번 안 받으면 다시 걸지 않고 통화는 짧게 마무리하는 것, 늘 깨끗이 씻고 깔끔한 차림을 하는 것, 고마운 이들에게 답례를 하는 것까지 말입니다.

　　엄마는 아들에게 여러 모로 부족한 면이 많다는 것을 인정했습니다. 그런 것을 마냥 좋게 봐주는 데도 한계가 있다는 것도 인정했습니다. 아들이 남들에게 사랑받는 사람이 되기 위해서는 사랑받을 만한 사람으로 키워야 했습니다. 이 사회에서 살아가기 위해 남에게 피해를 주지 않는 것을 넘어서, 상대를 배려할 수 있는 법까지 가르쳤습니다.

　　자폐성장애인 승훈 씨가 평범한 사람들처럼 학교에 다니고 일하고 친구들을 만나고 사회생활을 할 수 있게 된 가장 큰 이유는 바로 이것일지도 모르겠습니다. 그건 승훈 씨가 그 어떤 비장애인보다도 배려 넘치고 매너 있는 남자이기 때문이지요.

지하철을 타고
버스를 타고

출근할 때 승훈 씨는 지하철, 마을버스, 일반버스 모두 혼자서 타고 다닙니다. 몇 번을 갈아타야 해도 문제없습니다. 비상한 기억력을 지닌 자폐성장애인답게 노선도를 처음부터 끝까지 줄줄 외울 수 있으니까요.

중증의 자폐성장애인이 혼자서 자유롭게 이동한다는 건 말처럼 쉬운 일은 아닙니다. 승훈 씨에게는 신체적인 장애는 없지만, 정신적인 장애라서 더 위험할 수 있습니다. 공공장소에서 돌발행동을 해서 다른 이들에게 폐를 끼치거나 오해를 살지도 모릅니다. 예기치 못한 상황이 터졌을 때 당황하거나 갈피를 잡지 못할 수도 있습니다.

　버스를 타기 전에는 줄을 서야 한다는 것도, 요금을 내야 한다는 것도, 지하철 안에서는 큰 소리를 내거나 춤을 춰서는 안 된다는 것도, 탔으면 내려야 한다는 것도 모르던 승훈 씨였습니다. 엄마는 승훈 씨가 초등학교를 졸업할 때까지 말 그대로 바늘과 실처럼 붙어다니면서 말귀도 제대로 알아듣지 못하던 아들에게 수없이 이야기하고 보여 주었습니다.

　"승훈아, 여기가 학교야. 학교 올 때는 이렇게 오면 돼." "승훈아, 차 타기 전에는 줄을 서야 해." "지하철 안에서 춤을 추면 안 돼. 사람들이 놀라니까." "우리 집은 장승배기역이야. 여기에서 내려야 해." "지하철에서 내릴 때는 여기에 이렇게 표를 넣는 거야."

　차마 셀 수 없을 정도로 많고 긴 반복훈련 끝에 승훈 씨는 혼자서 등하교를 하고, 혼자서 출근을 하는 사람이 될 수 있었던 겁

우리집은
여기서 내려야 해.

승훈 씨도 씩씩하게 세상 밖으로 나갈 수 있습니다.
이제 더 이상 승훈 씨에게 세상은 두려운 곳이 아닙니다.

니다.

이렇게 훈련을 했음에도 처음 승훈 씨를 홀로 집 밖으로 내보내 낼 때는 엄마의 마음도 지옥이었다고 합니다. 누가 데리고 가는 건 아닐까, 차가 위험한지도 모르고 뛰어드는 아이인데 혹시 교통사고라도 나지 않을까, 집을 못 찾는 건 아닐까, 영원히 돌아오지 않는 건 아닐까, 가슴이 탔습니다. 얼마간은 혼자서도 잘 가는지 미행을 하기도 했습니다. 걱정과는 달리 승훈 씨는 엄마와 함께 가본 적이 있는 길은 혼자서도 잘 다녔습니다. 그제야 엄마는 마음을 놓았습니다. 엄마가 용기를 내지 않았더라면 승훈 씨가 이렇게 할 수 있을지 없을지 몰랐을 겁니다.

혼자서 어디든 갈 수 있기 때문에 승훈 씨는 물론이고 가족들에게도 자유가 생겼습니다. 다 큰 승훈 씨를 매번 동행하고 돌봐야 한다면 가족들도 자신만의 삶을 살아갈 수 없었겠죠. 승훈 씨가 출근을 하고 외출을 하는 동안 아빠도 출근을 합니다. 엄마는 학교에서, 복지센터에서 장애이해교육을 하거나 비슷한 처지의 장애인 부모님들을 만나 상담을 해줍니다. 동생 민경 씨도 학교에 가고 친구들을 만날 수 있습니다.

소중한 것일수록 잃을까 두려워 품 안에 꼭꼭 숨겨두고 싶은 게 사람 마음입니다. 잠시 눈앞에 보이지만 않아도, 잠시 품에서 떨어지기만 해도 아이에게 나쁜 일이 생길 것만 같은 두려움에 떨

때도 있습니다.

　하지만 생각해 보면 부모의 품안에 있다고 해서 아이에게 나쁜 일이 생기지 않으리란 보장도, 품안에 없다고 해서 나쁜 일이 생기리란 보장도 없습니다. 소중한 존재이기에 내가 언제까지나 보호해 줄 수 없다면 스스로 서는 힘을 길러 주는 것이 당연합니다. 승훈 씨 엄마에게 그 문제는 보통의 엄마들보다 훨씬 더 절실했습니다. 그래서 큰 용기를 낼 수 있었지요.

　이제 엄마는 승훈 씨가 어디를 가서 무엇을 하든 믿고 기다려 줄 수 있는 마음의 자유를 얻었습니다. 그래서 기쁜 마음으로 세상 밖으로 나가는 아들을 향해 손을 흔들어 줄 수 있습니다. 덕분에 승훈 씨도 씩씩하게 세상 밖으로 나갈 수 있습니다. 이제 더 이상 승훈 씨에게 세상은 두려운 곳이 아닙니다.

선물의
규칙

선물을 고르는 일은 누구에게나 쉽지 않습니다. 뭔가 특별한 선물을 하고 싶지만 결국 남들이 다하는 빤한 선물을 하게 될 때가 많습니다. 싼 것을 고르자니 염치가 없고, 비싼 것을 고르자니 부담스럽습니다. 결국 이래저래 귀찮아져서 선물 같은 건 관두자고 생각하게 될 때도 있습니다.

그러나 생각해 보면 지금껏 받은 기억에 남는 선물들 중 대단한 것들은 없었던 것 같습니다. 정말 갖고 싶었던 장난감이나 인형, 학용품 선물이 기쁘던 때도 스스로 돈을 지불하고 살 수 없었던 어린 시절뿐입니다.

어쩐지 가슴이 설레는 선물은 생일도 아니고 특별한 일이 있는 것도 아니지만 "네가 생각나서 샀어"라며 수줍게 건네는 작은 선물입니다. 별다른 이유 없이 그가 나를 생각해 주었다는 사실만으로도 선물의 의미는 충분합니다.

승훈 씨의 선물도 그런 것입니다. 타인을 위해 무언가를 한다는 일의 의미를 모르는 승훈 씨입니다. 그런 승훈 씨가 선물을 합니다. 그것도 자주 합니다. 대단한 것들은 아닙니다. 사실 승훈 씨는 거의 양말만 선물합니다.

승훈 씨는 장애인이기에 일반 사회에서는 할 수 없는 일이 많습니다. 어쩔 수 없이 남들의 도움을 받기도 하고 폐도 끼쳐야 합니다. 그런 것이 싫으면 승훈 씨를 아예 집 밖으로 내보내지 않으면 되는 일입니다. 하지만 그럴 수 없는 일이지요.

그래서 엄마는 승훈 씨가 고마운 사람들에게 마음을 전할 수 있는 작은 선물을 하도록 시켰습니다. 그런 선물로 뭐가 있을까 궁리하다 보니 양말이 제격이었습니다.

양말은 값도 비싸지 않고 부피도 작습니다. 가볍게 건네기에도 좋습니다. 주는 사람도 받는 사람도 부담스럽지 않습니다. 이미 많이 가지고 있다고 해도 상관없습니다. 양말은 많으면 많을수록 좋으니까요.

처음엔 초코파이였습니다. 초등학교 때 엄마는 도우미 친구인

선물을 하면
기분이 좋아요.

민주 씨에게 주라며 매일 승훈 씨에게 초코파이 하나씩을 들려 보냈습니다. 당연히 승훈 씨는 그것이 무슨 의미인지를 몰랐습니다. 집을 나서기가 무섭게 초코파이를 홀랑 먹어버렸지요.

그래도 엄마는 매일 아침 "이거 꼭 민주에게 줘야 해."라면서 초코파이를 챙겨 주었습니다. 승훈 씨가 남에게 무언가를 주는 기쁨을 알기를 바랐기 때문입니다. 그렇게 5년을 계속했습니다. 매일 아침 초코파이를 쥐어 준 지 5년째의 어느 날, 민주 씨가 드디어 승훈 씨에게서 초코파이를 받았다고 했습니다.

이제 엄마가 시키지 않아도 승훈 씨는 양말가게 앞을 지날 때마다 양말을 한두 켤레씩 삽니다. 좋아하는 사람들을 생각하면서요. 포스트잇 위에 정성껏 쓴 손 편지도 붙입니다. 선물을 받은 이들은 승훈 씨가 자신을 생각해 주었다는 사실에 감동을 받습니다. 처음에는 마음에서 우러난 것은 아니었습니다. 그저 엄마가 시켜서 의미도 모르고 했을 뿐이었지요. 그러나 습관이 몸에 배고 형식이 익숙해지면 자신도 모르는 새 마음이 생기는 것처럼, 승훈 씨도 이 선물을 계속하면서 조금씩 무언가를 느끼게 되었는지도 모릅니다. 그래서 이제는 스스로 선물을 고르고 줄 줄도 알게 되었습니다. 여전히 의미는 모를지라도, 선물 받는 사람들의 기뻐하는 표정, 말투, 행동이 승훈 씨를 행복하게 만들기 때문이겠지요.

장애의
능력

자폐성장애인들은 정확한 것, 규칙적인 것, 익숙한 것을 좋아
합니다. 어릴 때부터 장난감을 일렬로 정렬시키는 데 몰두한다거
나 정해진 대로만 하는 것, 환경이 바뀌는 데 민감한 것, 특정한 대
상에 집착하는 것, 같은 말이나 행동을 반복하는 것은 자폐성장애
의 대표적인 특성입니다.

승훈 씨 역시 마찬가지입니다. 어릴 때는 가게 유리문에 붙은
신용카드사 마크 스티커에 집착해 매일 그 앞에 붙어 있다시피 했
습니다. 낯선 사람, 장소, 일 등에 극도로 스트레스를 받아서 학교
나 직장 등 환경이 바뀌는 것도 보통 사람의 몇 배 이상으로 힘들

어 합니다.

예정되지 않거나 돌발적인 상황을 견디지 못하고 융통성도 없습니다. 약속 전에는 항상 준비 태세입니다. 몇 번이고 확인하고 또 확인합니다. 있어야 할 물건이 있어야 할 자리에 없거나, 시간이 늦어지거나 하면 초조해서 어쩔 줄을 모릅니다. 마음에 걸리는 일이 있으면 계속해서 그 일을 말하고 또 말합니다.

그래서 엄마는 승훈 씨가 스트레스를 받지 않도록, 당황하지 않도록, 약속된 시간에 약속된 일을 할 수 있도록 신경을 씁니다. 오랫동안 승훈 씨를 키우고 가르치면서 몸에 밴 습관입니다. 새로운 환경에 적응하기 힘든 승훈 씨를 위해 이사도 가지 않고 20년이 넘게 한 동네에 살고 있습니다.

처음에는 어린 승훈 씨가 발작을 일으킬까 두려워 그랬지만, 지금은 승훈 씨를 위한 배려가 되었습니다. 아무리 부모 자식 간이라도, 아무리 가족이라도 배려는 필요한 것이니까요. 승훈 씨는 남보다 좀 예민한 사람이니까요.

대신 승훈 씨의 자폐적 특성이 장점이 될 때도 있습니다. 승훈 씨는 냉장고에 달걀이 떨어졌다든가, 찬장에 양념이 떨어졌다든가 하는 것을 매일 체크합니다. 모자라면 가게에서 사와서 채워 넣습니다. 그래서 승훈 씨네 집 냉장고와 찬장에는 달걀과 양념이 부족할 날이 없습니다. 가족들의 휴대폰 배터리가 떨어져 가면 승

달걀을
채워놓아야지!

훈 씨가 알아서 충전해 놓습니다. 출근하기 전 집안 전등 끄기, 가스 밸브 잠그기, 플러그 뽑기도 다 승훈 씨 몫입니다. 그래서 승훈 씨가 여행이라도 가서 집에 없으면 온 가족이 불편하다고 합니다.

　바리스타 일 역시 승훈 씨의 정확하고 일관된 성향이 도움이 됩니다. 승훈 씨는 몇 년 동안 단 한 번도 무단결근을 한 적이 없습니다. 언제나 제시간에 도착합니다. 커피를 내리고 차를 만드는 일 역시 승훈 씨에게는 잘 맞습니다. 배우는 데는 오래 걸렸지만 한 번 익숙해지자 이제는 장애가 있다는 것이 느껴지지 않을 정도로 능숙하게 해냅니다. 위생규칙을 지키고 주방을 깨끗하게 정리하는 것 역시 승훈 씨에게는 별로 어렵지 않은 일입니다. 어떤 일을 하건 대충하거나 지겨워하는 일도 잘 없습니다. 늘 한결같고 꾸준합니다.

장애가 있다는 건 평범한 사람들이 할 수 있는 일을 할 수 없다는 뜻입니다. 하지만 어떤 것을 할 수 없기에 다른 능력이 더 발달할 수도 있습니다. 시력이 없는 사람에게 청각이나 후각, 촉각이 고도로 발달하는 것처럼 말이지요. 아니면 단점 자체가 그의 강점이 될 수도 있습니다.

단점을 고치거나 없애는 것은 쉽지 않습니다. 자칫 잘못하면 그 과정에서 자신의 부정적인 면에만 집중하게 될 수도 있습니다. 그보다는 장점을 더 키우는 것이 훨씬 낫습니다. 또는 보는 시각을 달리해 단점을 장점으로 승화시킬 수도 있습니다.

오랜 세월에 걸쳐 승훈 씨를 이해하기 위해 노력하면서, 가족들과 주변 사람들은 승훈 씨의 단점도 장점으로 바라보게 되었습니다. 우리가 할 수 없는 것들을 승훈 씨는 할 수 있다고 말이지요. 장애는 단지 조금 다르고 조금 불편한 것일 뿐이라고요. 그리고 다른 이들 역시 승훈 씨를 그렇게 바라봐 주기를 진심으로 바라고 있습니다.

멋져
보이도록

　승훈 씨는 소위 말하는 '훈남'입니다. 미인인 엄마를 닮아 그렇습니다. 말을 하지 않고 가만히 서있으면 그저 잘 생기고 평범한 동네 총각이라 해도 좋을 정도입니다. 얼굴도 잘 생겼지만 키도 크고 체격도 건장합니다.

　그런 승훈 씨의 외모를 빛내 주는 건 패션 센스입니다. 승훈 씨는 늘 깔끔한 셔츠에 면바지를 입습니다. 가끔은 나비넥타이를 하기도 하고요, 멋스러운 백팩도 매고 다닙니다. 헤어스타일은 항상 단정하면서도 깔끔하게 정리합니다. 스타일링제를 바르는 것도 잊지 않지요. 지난해에는 복지센터에서 열린 연말파티에서 패셔니스타상도 받았습니다.

승훈 씨의 전속 코디네이터는 엄마입니다. 엄마는 매일 아침 승훈 씨가 입고 나갈 옷들을 머리부터 발끝까지 골라둡니다. 승훈 씨 혼자서는 못하기 때문입니다. 비싼 것은 아니지만 엄마가 나름 대로 백화점이나 마트의 세일 가판대에서 심혈을 기울여 고른 것 들입니다.

매일 머리를 감고 세수를 하고 양치질을 하는 것도 승훈 씨 같은 장애인들에게는 만만치 않은 일입니다. 하지만 이런 기본적인 위생과 청결조차 지키지 않는다면 다른 사람들과 어울려 살기 쉽지 않다는 것이 엄마의 생각입니다.

뭐가 멋지고 뭐가 멋지지 않은지도 모르는 장애인인데, 혼자 옷을 입는 것조차 힘들어 하는 장애인인데, 그냥 편한 거, 아무 거나 입으면 되는 거 아니냐고 생각하는 사람들도 많습니다. 그런 이들에게 엄마는 장애인이라고 꼭 장애인처럼 입고 다녀야 하느냐고 묻습니다. 장애인이라고 무조건 대충, 편하게만 입어야 할 이유는 뭐냐고 묻습니다. 가슴 아프지만 엄마는 차별이 외모에서부터 시작된다고 생각합니다. 그래서 일단 눈으로 보았을 때 사람들이 승훈 씨에게 호감을 느끼기를 바랐습니다.

엄마 역시 언제나 완벽한 머리 모양과 화장을 잊지 않습니다. 액세서리도 하고 보통 사람들은 소화하지 못할 빨간색, 오렌지색,

승훈 씨의 외모를 빛내 주는 건 패션 센스입니다.
승훈 씨는 늘 깔끔한 셔츠에 면바지를 입습니다.
가끔은 나비넥타이를 하기도 하고요,
멋스러운 백팩도 매고 다닙니다.

승훈아
파란색 셔츠가 좋을까,
하얀색이 좋을까?

핑크색 등 밝은 색의 옷도 자주 입습니다. 가끔 학교에 장애이해교육의 강연자로 나가면 전화로만 연락을 하던 담당 선생님들이 엄마를 못 알아볼 정도라고 합니다. 저렇게 화려한 사람이 장애인의 엄마라는 생각을 못한다는 겁니다.

처음 승훈 씨가 장애 판정을 받았을 때는 엄마도 3일 밤낮을 고민했습니다. '내 아이가 장애인인데 내가 화장을 해도 되나? 예쁜 옷을 입어도 되나?' 그래서 화장도 하지 않고 허름한 옷차림으

로도 다녀보았습니다. 그런데 이건 아닌 것 같다는 생각이 들더랍니다. 내 아이에게 장애가 있을수록, 나에게 핸디캡이 있을수록 더 예쁘게 꾸며야겠다고 결심했습니다. 예쁜 옷을 입으면 보는 사람들도 기분이 좋아지니까요. 또 나 자신도 행복해지니까요. 엄마가 행복해야 아이도 행복하니까요. 단지 그 이유입니다.

그래서 요즘 엄마는 후배 장애인 엄마들에게 당부합니다. 모자 푹 눌러쓰고 화장도 하지 않고 허름한 차림으로 다니지 않았으면 좋겠다고요. 예쁜 옷도 입고 화장도 하고 당당하게 다니자고요. 우리가 죄를 지은 건 아니지 않느냐고요. 남들에게 밝고 긍정적인 에너지를 주자고요. 그게 우리 아이들에 대한 선입견을 없애는 데 큰 도움이 된다고요.

아직도 어떤 사람들은 장애인을 무섭다고, 더럽다고 생각합니다. 엄마는 그런 게 아니라는 걸 보여 주고 싶습니다. 세상의 편견을 통쾌하게 부숴 주고 싶습니다. 그런 엄마와 승훈 씨에게는 패션도 전략입니다.

사소하지만
중요한 배려

승훈 씨는 약속 시간에 결코 늦지 않습니다. 특별한 일이 없는 한, 지각도 결석도 결근도 하지 않습니다. 언제나 정해진 시간에 약속된 장소에 도착합니다.

자폐성장애인 승훈 씨에게는 일관된, 규칙적인 생활이 잘 맞습니다. 정해진 시간에 정해진 일을 하면 안심이 됩니다. 그렇게 하지 못하면 쉽게 불안해집니다. 그런데 이건 단순히 자폐성장애의 특성 때문만은 아닙니다.

아이에게 장애가 있으면 불가피하게 규칙이나 약속을 어길 수도 있습니다. 아침에 옷을 입히는 데만 한 시간이 걸릴 때도 있으

+ + + + +

니까요. 지각이나 결석도 잦을 수 있습니다. 하지만 불가피한 일이 없는 한 승훈 씨는 결석하지 않았습니다. 세수하고 옷 입고 준비하는 시간이 오래 걸려 새벽같이 일어나는 한이 있어도 지각은 안 하게 하려고 노력했습니다.

　엄마는 사회생활의 기본은 시간 약속을 지키는 것이라 믿습니다. 승훈 씨에게 장애가 있다고 예외로 쳐주기 시작한다면 끝이 없을 것입니다. 장애가 있다고 약속 시간에 매번 늦고 함부로 결석이나 결근을 하면 아무리 좋은 친구나 선생님, 직장이라도 승훈 씨를 좋은 눈으로 봐주기 힘들겠지요. 장애인 승훈 씨도 분명 학교의, 일터의, 이 사회의 일원이 되어야 했습니다. 그러려면 승훈 씨도 사회

특별한 일이 없는 한,
지각도 결석도 결근도 하지 않습니다.
언제나 정해진 시간에
약속된 장소에 도착합니다.

✦ ✦ ✦

에서 원하는 기본을 지키려고 노력하는 게 당연합니다.

　엄마는 승훈 씨에게 그런 기본을 만들어 주기 위해 노력했습니다. 사람들이 승훈 씨를 보고 '아, 저 친구는 장애가 있는데도 참 성실하고 바르구나.' 라는 생각을 할 수 있도록 말이지요.

　승훈 씨 같은 장애인들은 일반 학교에 다니면서 비장애인 도우미 학생들의 도움을 받습니다. 도우미 학생들은 장애인 학생이

학교생활을 잘할 수 있도록 늘 붙어 다니며 크고 작은 일들을 챙기는 고마운 친구들입니다. 이 친구들에게 항상 고맙고 미안했던 엄마는 승훈 씨가 이들의 도움을 당연하게 여기지 않기를 바랐습니다. 매일 도움을 받고 배려를 받으니, 승훈 씨도 이들을 배려해야 합니다.

그래서 친구에게 매일 초코파이 하나씩을 주게 했습니다. 일하는 피자가게에 친구들을 데리고 가 자주 피자를 사주기도 했습니다. 소풍 가는 날, 견학 가는 날에 도우미 친구와 지하철역 앞에서 9시에 만나기로 했다면, 8시 50분에 먼저 나가서 기다렸습니다. 도움을 받는 사람이 그 도움을 마냥 당연하게만 여겨서는 안 되니까요. 할 수 있는 한 이쪽에서도 최선을 다해 상대를 배려하고, 상대의 배려에 고마워하고 있다는 걸 표현하기 위해 노력했습니다. 고작 10분 일찍 나가는 것일 뿐이지만 이런 사소한 배려가 쌓여 관계를 부드럽고 단단하게 만들 테니까요.

약속을 지킨다는 것은 사회생활의 기본인 동시에 상대에 대한 배려입니다. 엄마는 장애인이 평생 배려를 받아야만 하는 존재라고 생각하지 않습니다. 인간과 인간은 서로를 배려해야만 합니다. 어느 한쪽만 끝없이 퍼주고 배려해야 한다면 그것은 진정한 관계가 아닙니다. 그래서 승훈 씨는 약속을 잘 지키는 남자가 된 겁니다.

승훈인
약속을 잘 지켜요.

제 친구들을
소개합니다

승훈 씨에게는 친구들이 있습니다. 모두 비장애인 친구들입니다.

가장 친한 친구는 재홍 씨입니다. 재홍 씨는 고등학교 3년 내내 승훈 씨의 도우미가 되어 준 친구입니다. 군대에도 다녀온 대학생 재홍 씨와는 요즘도 자주 만납니다. 둘이 만나 뭘 하느냐고요? 다 큰 남자 둘이서 카페에 앉아 끝말잇기 놀이를 하기도 하고 한겨울에 한강에도 놀러 갑니다. 친구들보다 먼저 사회인이 된 승훈 씨가 밥도 사고 선물도 사줍니다.

민주 씨도 만만치 않습니다. 민주 씨는 초등학교 1학년 때부터 중학교 3학년 때까지 무려 9년이나 승훈 씨의 도우미로 지낸 여자친구입니다. 학교를 졸업하고 성인이 된 지금도 민주 씨와 승훈 씨는 자주 연락을 하고 가끔 만나 밥도 먹고 차도 마시며 이야기를 나눕니다.

이 두 사람뿐만이 아닙니다. 유치원부터 초등학교, 중학교, 고등학교를 거치며 많은 선생님과 친구들이 승훈 씨를 도와 주었습니다. 슬기 씨, 효은 씨, 유림 씨, 소현 씨, 수산 씨, 주환 씨, 은지 씨, 승근 씨, 혁우 씨, 진우 씨 등등 모두 승훈 씨가 좋아하는 고마운 친구들입니다.

얼마 전 승훈 씨는 좋아하는 패밀리 레스토랑에 갔다가 그곳에서 일하는 고등학교 동창을 만났습니다. 승훈 씨는 단번에 그 친구를 알아보고 이름도 기억했습니다. 친구는 승훈 씨가 자신을 기억해 줄지는 몰랐다며 서비스로 음료수를 주었습니다.

이런 친구들이 없었다면 승훈 씨의 인생은 어땠을까요. 승훈 씨가 아무리 말을 할 수 있고 일을 할 수 있고 혼자 일상생활을 다할 수 있다고 해도 그 인생은 그다지 충만하게 느껴지지는 않았을 것 같습니다. 아마도 승훈 씨는 그때도, 지금도 외톨이로 지내야 했을 겁니다.

엄마조차도 승훈 씨에게 친구가 생길 것이라고는 기대하지 못했으니까요. 자기 자식이 외톨이라는 사실, 평생 외톨이로 살아가

친구들은 하나같이 말합니다.
자신만 승훈 씨에게 베푼 것이 아니라,
승훈 씨에게 받은 것들도 많다고요.

✖ ✖ ✖

는 현실을 받아들여야 하는 부모의 마음은 얼마나 아플까요.

그래서 진짜 기적은 이런 것일지도 모른다는 생각이 듭니다. 9년이나 승훈 씨와 기꺼이 함께 지낸 친구와 3년이나 승훈 씨와 우정을 쌓은 친구를 만날 수 있었던 것 말입니다.

심지어 이 친구들은 하나같이 말합니다. 자신만 승훈 씨에게 베푼 것이 아니라, 승훈 씨로부터 받은 것들도 많다고요. 승훈 씨 덕분에 지루하고 팍팍하던 학교생활이 즐거웠다고요. 수동적이고 어린애 같던 자신이 승훈 씨와 함께 지내면서 약한 존재를 돌보는 사람의 다부진 마음을 갖게 되었다고요.

무엇보다 우리와는 조금 다른 승훈 씨라는 존재와 가까이 지내면서 세상을 보는 눈이 넓어졌다고요. 여전히 승훈 씨를 만나면 이상하게 기분이 좋고 행복해진다고요.

이처럼 승훈 씨에게는 고마운 사람들이 참 많습니다. 그 고마운 마음과 인연을 잊지 않고 계속해서 이어나가고 있습니다. 좋아하는 마음을 표현하고 고마운 것들에 보답을 하면서 말이지요. 얻을 것과 잃을 것 따위는 계산하지 않고, 그렇게 단순한 마음으로 말이지요.

농담이 뭐예요?

보는 그대로, 듣는 그대로 믿는 자폐성장애인 승훈 씨는 농담이라는 것을 모릅니다.

엄마는 걱정이 되었습니다. 학교에서 친구들이 가볍게 놀리는 것조차 이해 못해 싸우거나 스트레스를 받을 때가 많았기 때문입니다. 앞으로 사회에 나가서도 농담을 이해 못하는 것이 문제가 될 것 같았습니다. 사람들과 어울려 살려면 농담도 알아야 했습니다.

그래서 엄마는 일부러 이런 농담을 하곤 했습니다.

"승훈아. 사실 너는 엄마 아들 아니야. 넌 다리 밑에서 주워 왔어. 너희 엄마는 다리 밑에 있어."

그러면 승훈 씨는 매번 바닥을 구르며 울부짖었습니다. 싫다고요. 아니라고요. 우리 엄마는 여기 있다고요. 엄마는 재빨리 승훈 씨를 달래 주었습니다.

"승훈아. 이건 농담이야. 사실이 아니야. 승훈이한테 장난치는 거야. 이건 나쁜 게 아니야."

사실 승훈 씨가 충격을 받은 것도 당연합니다. 사람들은 보통 상대의 표정이나 말투의 미세한 변화를 포착해서 상대가 진실을 말하는지 거짓을 말하는지를 압니다. 아주 어린 아이들도 뭔가 이상하다는 걸 눈치 챕니다.

하지만 자폐성장애인들은 타인의 표정도, 감정도 읽지 못합니다. 게다가 융통성까지 없어 농담을 알아들을 리가 없습니다. 아마 농담이라는 것이 무엇인지 승훈 씨는 영원히 이해하지 못할 겁니다. 사람들이 왜 농담을 하는지도 승훈 씨는 알지 못합니다.

그러나 엄마가 계속해서 농담을 하고, 또 농담이 무엇인지를 알려 주기를 반복하자 어느 순간부터 승훈 씨도 농담에 익숙해졌습니다.

요즘은 엄마가 "승훈아. 너희 엄마는 어디 있지?" 하고 물으면 승훈 씨는 1초도 고민하지 않고 이렇게 대답합니다.

"다리 밑에요."

나도 농담이 뭔지 알아요.

예리한 승훈 씨

　　자폐성장애인들이 대개 그런 것처럼 승훈 씨도 기억력이 좋습니다. 지하철 노선도 외우기, 버스 노선도 외우기쯤은 식은 죽 먹기입니다. 사람 얼굴과 이름을 기억하는 것도 한 번 본 것으로 충분합니다. 아주 오래 전의 일들도 자세하게 다 기억합니다. 동생 민경 씨는 기억하지 못하는 것들도 승훈 씨는 기억합니다.

　　달력을 보지도 않고 몇 년도의 몇 월 몇 일이 무슨 요일이냐고 물으면 승훈 씨는 잠시 생각했다가 곧바로 답을 말합니다. 아마도 승훈 씨의 머릿속에는 우리는 알 수 없는 독특한 기억법이라든가, 계산법이 숨어 있는 것 같습니다.

그것 말고도 감각이 남들보다 예민하기에 날씨의 변화에 따라 기분이 널을 뜁니다. 뷔페나 카페 같은 장소를 좋아하지만 아무 곳이나 좋아하는 것이 아니라 인테리어의 색 선택이나 조합이랄지, 조명의 온도 같은 것이 편안하고 세련되게 느껴지는 곳을 동물적으로 찾아내서 그곳만 갑니다.

사람들의 얼굴을 보고 특징을 빨리 간파해 닮은 연예인을 바로 알아맞히기도 합니다. 처음에는 고개를 갸웃할 정도로 잘 생기고 예쁜 연예인만 말하지만, 가만 생각해 보면 비슷한 특징들이 분명히 있습니다. 하얀 피부나 갸름한 눈, 까무잡잡한 피부나 갈색 눈, 차분한 분위기의 차이 같은 것을 승훈 씨는 금방 캐치해냅니다.

대부분의 것들에 있어서는 우리보다 부족해 보이지만, 어떤 일들은 우리보다 더 뛰어납니다. 보면 볼수록 신기한 승훈 씨입니다.

나는 예리한 남자

02

한 번에
한 걸음씩

아이가
이상한 것 같아요

아빠, 엄마에게 승훈 씨는 첫 아이였습니다.

승훈 씨는 참 예쁜 아기였습니다. 승훈 씨를 안고 가면 지나던 사람들이 멈춰 서서 아이가 어쩜 이렇게 예쁘냐고 할 정도였습니다.

그런데 커갈수록 승훈 씨에게 남다른 점이 조금씩 보이기 시작했습니다. 돌이 한참 지났는데 엄마, 아빠라는 말을 못했습니다. 하루 종일 함께 있어도 엄마의 눈을 쳐다보지 않았습니다. 불러도 돌아보지도 않았습니다. 대답도 안 했습니다.

집 안이건 밖이건 무조건 바닥에서 뒹굴었습니다. 소리를 지르고 특이한 행동을 했습니다. 다른 아이들과 노는 데도 전혀 관

✗ ✗ ✗

심이 없었습니다. 필요한 것이 있으면 그저 엄마의 손을 잡고 그곳
으로 데리고 갈 뿐이었습니다. 대소변도 전혀 가리지 못했습니다.

아이를 처음 키워보는 젊은 부모는 그저 아이 키우는 건 이렇
게 힘든 일이려니 생각했습니다. 늦되는 아이가 똑똑하다는 말을
새기며 승훈 씨도 나아질 거라 믿었습니다.

시간이 지나 주위 사람들이 아이가 좀 이상한 것 같다며 병원
에 가보라고 할 때도 가볼 생각을 못했습니다. 조금씩 엄마도, 아빠
도 무서워졌기 때문입니다. 아이에게 뭔가 문제가 있을지도 모른
다는 상상만으로도 두려웠습니다. 그럴 리도 없었고 그래서도 안

엄마는 천천히, 때로는 주저앉기도 하고 때로는 넘어져 울기도 하면서
장애인의 엄마라는 고통스러운 현실을 받아들이기 시작했습니다.

됐습니다. 심지어 그때만 해도 자폐란 것이 무슨 말인지도 모를 때였습니다. 그런 말을 들어본 적도 없었습니다.

승훈 씨가 다섯 살이 된 해, 하루는 TV에서 자폐성장애를 가진 아이들이 나오는 다큐멘터리 프로그램을 보게 됐습니다. 그런데 그 아이들이 하는 행동이 승훈 씨와 똑같은 것이 아니겠습니까. 가슴이 철렁 내려앉았습니다.

그제야 엄마, 아빠는 승훈 씨를 데리고 병원으로 달려갔습니다. 검사 결과는 예상대로 발달장애, 자폐성 발달장애라고 했습니다. 그것도 중증인 2급이라고 했습니다.

이미 마음의 준비를 했던 엄마는 막상 크게 충격을 받지는 않았다고 합니다. 더 큰 충격은 얼마 후 책에서 자폐성장애인은 평생 정상적인 사회생활을 할 수 없다는 구절을 읽었을 때였습니다.

그날부터 엄마는 집 밖으로 나가지 않았습니다. 이 현실을 받아들이기가 너무 힘들었기 때문입니다. 저 아이를 어떻게 키워야 좋을지 앞이 캄캄하기만 했습니다. 내가 뭘 잘못해서 이런 벌을 받았는지 알 수 없었습니다.

엄마가 현실을 받아들이는 데는 3개월이라는 시간이 걸렸습니다. 그 시간 동안 엄마의 마음은 끝없는 어둠 속을 헤맸겠지요. 아마 이전까지 젊은 엄마에게 이 정도로 깊은 고뇌의 시간은 없었을 것입니다. 이렇게 평범한, 남다를 것 없는 인생이 끝도 없이 이어지리라는 낙관적인 믿음을 버려본 일이 없었을 것입니다.

그래서 그 3개월 동안 엄마는 자신이 어떤 사람이 되어야 할지를 결정해야 했던 것인지도 모릅니다. 사람은 누구나 인생의 어느 시점에는 어떤 사람이 되어야 할지를, 어떻게 살아야 할지를, 어떻게 이 난관을 헤쳐 나가야 할지를 결정해야 합니다. 엄마에게 그 계기는 아들의 장애였습니다.

승훈 씨와 함께 집안에 갇혀 지낸 지 3개월째, 엄마는 결심했습니다. 이렇게 살 수는 없다고요. 이렇게 살아서는 안 된다고요. 저 아이도 나도 세상 밖으로 나가야 한다고요.

그때부터 엄마는 천천히, 때로는 주저앉기도 하고 때로는 넘어져 울기도 하면서 장애인의 엄마라는 고통스러운 현실을 받아들이기 시작했습니다. 더불어 승훈 씨가 남들과 어울려 평범한 인생을 살아가는, 당시로서는 도저히 불가능해 보이는 꿈을 꾸기 시작했습니다.

승훈이는 참 예쁜 아기였습니다.

유치원에 간
자폐아

　유치원에 갈 나이가 되자 엄마는 드디어 승훈 씨를 세상으로 내보낼 마음을 먹었습니다. 그때만 해도 아직 승훈 씨는 말도 하지 못하고 대, 소변을 가리지도 못했습니다. 그럼에도 엄마는 하루라도 빨리 승훈 씨에게 세상에 적응할 기회를 주어야 한다고 생각했습니다. 엄마의 품에만 있어서는 안 된다고 믿었습니다.

　하지만 어느 유치원도 승훈 씨를 받아주지 않을 것이 뻔했습니다. 보통 장애아도 아니고 자폐성장애입니다. 그저 어떤 기능이 떨어지는 것이 아니라, 사회적 상호작용이 전혀 안 되는 아이입니다. 마침 자폐아를 키우는 다른 부모가 열 군데가 넘는 유치원에서 입학을 거절당했다는 이야기도 들었습니다. 시도도 해보기 전에 포기해야 하나, 싶었습니다.

그때 한 이웃이 자기 아이가 다니는 유치원을 소개해 주었습니다. 이 유치원에서는 승훈 씨를 받아 줄지도 모른다고요. 그때부터 승훈 씨와 김은실 선생님의 인연은 시작되었습니다.

유치원의 원장이던 김은실 선생님은 평소 특수교육에 관심이 많은 분이었습니다. 장애와 비장애아들이 함께 지내는 것이 서로에게 도움이 된다는 철학이 있었기에, 원장 선생님은 흔쾌히 승훈 씨를 받아 주기로 결정했습니다.

그러나 선생님에게도 승훈 씨는 일종의 도전 과제였습니다. 일단은 다른 학부모들이 승훈 씨를 어떻게 받아들일지가 문제였습니다. 그래서 학기 초 오리엔테이션 때 미리 다른 학부모들께 승훈 씨 이야기를 알렸습니다. 승훈 씨에게 어떤 장애가 있는지, 비장애아들이 왜 승훈 씨 같은 장애아와 함께 지내야 하는지, 승훈 씨와 함께 지낼 때 비장애아들에게는 어떤 좋은 점이 있을지를 자세하게 설명했습니다.

물론 유치원에 다닌다고 해도 승훈 씨는 다른 친구들과 함께 수업에 참여할 수는 없었습니다. 그저 교실 뒤쪽 카펫 위에 누워 혼자 노는 날이 대부분이었죠. 중증 자폐성장애가 있지만 다행히

언제나 감사한
김은실 원장 선생님

× × ×

유치원에
입학했어요.

승훈 씨는 공격적이거나 수업을 방해하는 타입은 아니었습니다.

아이들은 승훈 씨에게 호기심을 느끼기도 하고 두려움을 느끼기도 하고 승훈 씨의 행동을 모방하기도 했습니다. 그러면 선생님은 아이들에게 일러 주었습니다.

"승훈이에게는 장애가 있어. 그래서 너희들처럼 잘 앉아 있거나 선생님 말씀을 따를 수가 없어. 하지만 너희들은 건강하니까 할 수 있지?"

아이들은 승훈 씨를 통해 자신의 모습을 비춰볼 수 있었습니다. 승훈 씨가 할 수 없는 것을 나는 할 수 있다고 느끼면서 비장애아들의 자신감과 자존감이 높아졌다고 선생님은 설명합니다. 반대로 승훈 씨는 늘 누워 있다가도 어떤 때는 다른 친구들이 모두 앉아 있는 것을 보고는 느끼는 것이 있었는지 자기도 함께 앉아 보기도 했습니다. 서로가 서로에게 조금씩 자극을 준 것입니다.

선생님이 생각하는 통합교육의 장점도 이것입니다. 나와 같은 친구들과만 함께 지내면 아이들은 성장하지 못합니다. 나와 다른 친구를 만날 때 비로소 아이들은 배울 것은 배우고 고칠 것은 고칩니다. 양보하는 법, 타협하는 법, 배려하는 법, 협동하는 법도 자연스레 익힙니다.

엄마는 승훈 씨 문제로 고민이 될 때마다 원장 선생님께 전화를 걸고 그때마다 선생님은 성심성의껏 함께 고민해 주었습니다.

남에게 폐 끼치기 싫어하고 쑥스러움이 많아 사람 사귀는 것도 힘들어 했던 젊은 날의 엄마는 어디에도 매달릴 곳이 없었기에 선생님에게라도 매달려야 했습니다.

승훈 씨가 유치원을 졸업하고 원장 선생님이 차린 피자가게에서 아르바이트를 하는 지금까지, 부모님 다음으로 따르는 사람도 바로 원장 선생님입니다. 요즘도 부모님에게 혼이 나거나 잔소리를 들으면 승훈 씨는 원장 선생님에게 와서 속상한 이야기를 합니다. 그러면 선생님은 이렇게 말하며 승훈 씨를 달래 줍니다.

"그랬구나. 승훈이가 속상했겠구나. 그런데 엄마가 승훈이 사랑해서 그런 거야. 승훈이가 더 잘됐으면 해서 그렇게 말씀하신 거야."

승훈 씨에게 원장 선생님은 언제나 그 자리에 있는 사람, 믿어도 되는 사람입니다. 다른 이들이 승훈 씨에게 뭔가를 시키려면 꽤 오랜 시간이 걸리지만 선생님은 다릅니다. 일단 선생님 말씀이라면 승훈 씨는 무조건 따릅니다. 김은실 선생님은 더 이상 유치원을 운영하지도 않고 아이들을 가르치지도 않을 뿐더러 이제는 동네 피자가게 사장님이지만, 승훈 씨에게는 영원한 '선생님'입니다.

우리 동네 초등학교에
입학했어요

승훈 씨는 9살이 되어서야 드디어 배변훈련에 성공했습니다. 엄마는 승훈 씨를 학교에 보낼 결심을 했습니다. 그것도 특수학교가 아닌 동네 초등학교에 보내기로요.

애초부터 특수학교는 엄마의 선택에 없었습니다. 유치원에서처럼 일반학교에 간다고 해서 승훈 씨가 다른 아이들처럼 책상에 앉아 수업을 들을 수는 없었습니다. 승훈 씨는 아예 교실 뒤쪽에 자리를 깔고 드러누워서 혼자 놀았다고 합니다. 그렇다고 해도 엄마는 승훈 씨가 언젠가는 다른 아이들과 함께 있다는 걸 느낄 수 있을 거라고 믿었습니다. 그러기 위해서는 이렇게 어릴 때부터 비장애인과 함께 살아가는 것에 익숙해져야 한다고 생각했습니다.

장애아의 부모들은 아이가 초등학교에 입학할 무렵, 선택의 기로에 섭니다. 일반학교에 보내야 할까, 아니면 특수학교에 보내야 할까. 이때 어떤 선택을 내리느냐에 따라 아이의 인생이 완전히 달라질 수도 있습니다. 그래서 더 갈피를 잡기가 힘듭니다.

엄마도 실은 고민이 많았습니다. 승훈 씨가 편하게 다닐 수 있는 학교를 찾기 위해 시골 여기저기를 돌아다니며 작은 분교를 알아보기도 했습니다. 여러 가지 현실적인 문제로 포기한 후 별 수 없이 동네 초등학교에 보내기로 결심했습니다.

엄마는 말합니다. 일반학교를 택하건, 특수학교를 택하건 그건 각자의 선택이라고요. 엄마가 승훈 씨를 일반학교에 보낸 건 특수

× × ×

1학년이 되었어요.

학교에서 장애인 친구들과만 지낼 때보다 사회생활에 적응하기가 조금 더 수월해질 거라고 보았기 때문입니다. 앞으로 승훈 씨가 살아가야 할 곳은 특수한 세계가 아니라 이 사회라고 믿었으니까요.

대신 일반학교에 다니면서 온갖 문제들을 겪어야 했습니다. 승훈 씨는 학년이 바뀔 때마다 또 새로운 교실, 새로운 선생님과 친구들에 적응하지 못해 스트레스를 받고 자해를 하거나 발작을 일으키곤 했습니다. 그럴 때마다 엄마도 고민과 걱정에 잠을 못 이루는 날이 태반이었습니다. 아이들의 놀림과 괴롭힘은 기본이었죠. 이런 과정에서 아이와 부모가 큰 상처를 받게 될 수도 있습니다.

더러 다른 장애아의 어머니는 일반학교에 다니다 특수학교로 옮긴 후 아이도, 엄마도 너무나 편해졌다고 했습니다. 수준에 맞는 학교이기에 아이도 스트레스를 덜 받고 자기보다 못한 아이들을 도와줄 수도 있게 되었다는 겁니다.

사실 장애인인 승훈 씨가 오랜 시간을 일반학교에 보내는 것에 무슨 의미가 있을까 하는 생각이 들지도 모릅니다. 승훈 씨는 공부를 할 수도 없습니다. 다른 아이들이 수업을 듣는 동안 그저 자리를 지키고 앉아 혼자만의 세계에 빠져 있습니다. 이 시간들은 그저 무의미해 보일지도 모릅니다.

하지만 승훈 씨의 머릿속에서, 마음속에서 무슨 일이 일어났는지는 아무도 모릅니다. 승훈 씨에게는 친구들과 함께 교실에 앉아 있는 이 행위와 시간 자체가 사회에 적응하기 위한 훈련이었습니다. 사람들과 어울려 지내는 법을 배운 것입니다.

더 넓게 생각해 보면 비장애인들 역시 마찬가지입니다. 그저 지식을 얻기 위해서라면 굳이 학교에 다닐 필요가 없겠지요. 우리가 학교에 다니는 이유는 학교라는 공동체를 통해 다른 이들과 어울려 사는 법을 익히기 위해서입니다.

일반학교에 보내건, 특수학교에 보내건 부모가 원하는 것은 같습니다. 아이가 이 사회에서 아웃사이더나 외톨이가 되는 것이 아니라 다른 이들과 함께 살아갈 수 있게 되는 것입니다. 조금 더디고 부족할 수는 있겠지만 이런 이들까지 끌어안는 것이 더 건강한 사회가 될 수 있는 길이 아닐까요.

그러니 승훈 씨를 일반학교에 보낸 건 세상을 향한 엄마 나름의 투쟁을 시작했다는 뜻이었습니다. 당신들만의 세상에 우리도 들어가게 해달라고 문을 두드리기 시작했다는 뜻 말입니다.

당연한 일은
없어요

"승훈아, 달걀 좀 사다 줄래?"

"네."

"오빠, 가면서 내 과일도 좀……."

"응."

"승훈 씨, 엄마 휴대폰 충전 좀 부탁합니다."

"네."

승훈 씨는 심부름을 잘합니다. 솔직히 25살 된 총각치고 싫다
는 소리 한 번 없이 이렇게 심부름을 잘하는 남자는 대한민국에서
몇 안 될 거라고, 엄마는 자랑을 합니다.

그도 그럴 것이 엄마가 뭔가를 부탁하면 승훈 씨는 단 한 번도 싫다고 하는 적이 없습니다. 승훈 씨가 살고 있는 집은 언덕 위, 그것도 건물 4층입니다. 언덕을 달려 내려가 동네 초입의 슈퍼마켓까지는 뛰어도 5분은 걸립니다. 그런 심부름을 엄마가 다섯 번을 부탁해도 승훈 씨는 싫은 기색 없이 다섯 번 다 다녀옵니다.

혼자서 시장에 가서 장도 잘 봐옵니다. 빨래도 널고 청소도 합니다. 뒷산에 있는 약수터까지 올라가서 마실 물도 받아옵니다. 동생 민경 씨가 약수를 좋아하기 때문입니다. 사실 승훈 씨는 엄마를 제외하면 가족 중에서 집안일 공헌도가 가장 높은 사람입니다.

물론 처음부터 이랬을 리가 없습니다. 무얼 시켜도 제대로 알아듣지도 못하고 왜 해야 하는지도 몰랐던 승훈 씨였습니다. 하고 싶은 것만 하고 하기 싫은 것은 아무 것도 하지 않으려고만 했습니다. 그럼에도 엄마는 뭐든 해보게 했습니다.

어릴 때부터 장을 보러 갈 때면 꼭 승훈 씨 손을 잡고 같이 갔습니다. 물건을 고르고 돈을 주고 사서 돌아오는 일이 익숙해지도록 했습니다. 일부러 단골 가게도 만들어 두었습니다. 과일은 이 가게에서, 생선은 저 가게에서, 고기는 이 정육점에서, 채소는 저 채소가게에서만 샀습니다. 그래야 승훈 씨가 가게와 가게 사장님들에게 익숙해질 테니까요. 이 과정에만 몇 년이 걸렸습니다.

초등학교 4학년이 되었을 때 엄마는 처음으로 승훈 씨에게 혼

민경이가
좋아하는 약수

오늘 저녁은
카레를 해볼까?

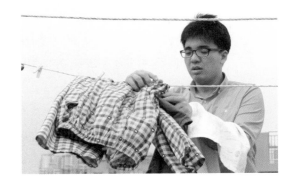

자 가서 물건을 사오게 시켰습니다. 물론 미리 물밑작업을 해두어야 했습니다. 우선 단골가게 사장님께 우리 아이가 혼자 심부름을 올 테니 쪽지에 적힌 대로 주시라고 부탁을 드렸습니다. 승훈 씨에게는 사야 할 물건의 목록이 적힌 쪽지를 들려 보냈습니다. 그때만 해도 승훈 씨는 말을 거의 못했기 때문입니다.

처음부터 잘 될 리가 없습니다. 만 원을 들려 보내면 돈을 고스란히 잃어버리고 그냥 돌아오기도 했습니다. 그래도 엄마는 화를 내거나 포기하지 않았습니다. 이건 승훈 씨가 사회생활을 배우기 위해 지불하는 학원비나 과외비 같은 것이라 생각했습니다. 그래서 조금 기다렸다가 다시 만 원을 들려 보내 또 심부름을 시켰습니다.

여러 가지 심부름을 한 번에 시킬 수도 없었습니다. 당근이면 당근, 감자면 감자, 고기면 고기, 한 번에 한 가지씩만 시켜야 했습니다. 그 정도가 승훈 씨가 할 수 있는 한계였습니다. 초등학교 6학년이 되어 두 단어를 말할 수 있게 되자 이제는 쪽지 없이 말로 물건을 사오게 했습니다. "당근 주세요." "감자 주세요." 이렇게요. 이 훈련도 익숙해지자 엄마는 이제 감자와 당근을 함께 사오게도 해보았습니다.

혀를 내두를 정도의 치밀하고 오랜 기간의 반복훈련을 통해 승훈 씨는 심부름에 익숙해졌습니다. 무언가가 필요하면 상점 주

혀를 내두를 정도의 치밀하고 오랜 기간의 반복훈련을 통해
승훈 씨는 심부름에 익숙해졌습니다.

+ + + + +

인에게 가서 필요한 것을 달라고 말하고 돈을 주고 가져와야 한다는, 평범한 사람들에게는 딱히 설명할 필요도 없이 당연하고 자연스러운 물건 사는 법을 익히는 데 그렇게 긴 세월이 필요했던 겁니다.

단추를 잠그고 허리띠를 매고 빨래를 널고 청소를 하고 설거지를 하고 물을 길어오고 휴대폰 배터리를 충전하고 심부름을 하는 일상의 지극히 당연한 일들 중 어느 것도 승훈 씨에게는 당연한 것이 아니었습니다. 그래서 모든 것을 하나하나 다 배워야만 했습니다. 어린 승훈 씨에게 그 과정은 고통스럽고 지난했겠지요. 그러나 엄마는 포기할 수 없었습니다.

왜냐하면 승훈 씨가 혼자서는 아무것도 못하는 사람이 되면 안 되기 때문이었습니다. 엄마가 승훈 씨보다 하루 더 살 수 있을지 없을지는 아무도 모릅니다. 아마 그렇지 못할 가능성이 더 높겠지요. 그렇다면 그때를 위해 준비를 해두어야 했습니다. 그 준비는 이르면 이를수록 더 좋았습니다.

서로의
눈을 들여다볼 때

자폐성장애인들은 자신만의 세계에서 갇혀 살기 때문에 타인의 눈을 쳐다보는 법을 모릅니다. 그래야 할 필요도 느끼지 못합니다. 어쩌면 타인의 존재 자체를 의식하지 못하는지도 모르죠. 승훈 씨 역시 마찬가지였습니다. 초등학교 1학년 때부터 도우미이던 민주 씨를 알아보고 반가워하기 시작한 것도 6학년이 다 되어서였습니다.

하지만 엄마는 포기하지 않았습니다. 승훈 씨에게 말을 걸 때는 습관적으로 "승훈아, 엄마 눈 좀 봐." 하고 말했다고 합니다. 포기할 법도 한데, 쟤는 안 되는 애라고 놓을 법도 한데, 엄마는 포기하지 않았습니다. 엄마가 매일같이 "승훈아, 엄마 눈 좀 봐." 하고 말하기 시작한 지 13년째에 승훈 씨는 딱 2초 동안 엄마의 눈을 쳐다보았습니다.

자폐성장애인이 타인의 눈을 쳐다보았다는 것은 새로운 삶의 시작을 뜻합니다. 자신의 장애를, 한계를 뛰어넘었다는 뜻입니다. 그것은 기적과도 같은 일입니다.

그때 엄마의 심정은 어땠을까요. 모르긴 몰라도 히말라야 정상을 밟은 등반가나, 과학사에 등재되지 않은 새로운 물질을 발견한 과학자의 심정에 버금갔을 겁니다. 부드럽고 묵직한 진동 같은 것이 엄마의 마음을 흔들고 지나갔겠지요.

엄마는 '되는구나.' 하고 생각했습니다. '아, 되는구나. 그렇다면 다른 것도 할 수 있겠다.' 그런 생각을 했다고 합니다.

승훈 씨와 이야기를 할 때마다 놀라게 되는 것은 상대의 눈을 들여다보는 그의 두 눈입니다. 이렇게 말하면 어떨지 모르지만 그 두 눈은 마치 충직한 개의 눈 같습니다. 사랑스럽고 커다란 개 말이죠.

스물다섯의 성인 남자가 어떤 선입견도, 아무 감추는 것도, 판단하는 것도 없이 그저 상대의 말을 열심히 듣습니다. 그 말이 세상에서 가장 소중한 말, 그 말이 내가 믿고 따라야 할 오직 하나의 말인 것처럼 듣습니다. 세상의 마지막 말인 것처럼 듣습니다. 그런

자폐성장애인이 타인의 눈을 쳐다보았다는 것
은 새로운 삶의 시작을 뜻하는 것입니다.

✚ ✚ ✚ ✚ ✚

아메리카노
주문하셨습니다.

것을 승훈 씨의 두 눈이 말해 줍니다.

그래서 던진 질문에 승훈 씨가 간혹 딴 소리로 대답하더라도 크게 신경쓰이지 않습니다. 왜냐하면 그 순간 오로지 상대에게만 집중하고 있음을 승훈 씨의 두 눈이 알려 주기 때문입니다. 비록 그가 우리의 언어를 제대로 이해하지 못한다 하더라도, 우리는 하나의 인간과 인간으로서 지금 여기에서 만나고 있음을 그 충실하고 정직한 두 눈이 충분히 증명하고 있기 때문입니다.

승훈인 얘기를
잘 들어줘요.

승훈 씨의
특제 카레

    카레는 승훈 씨의 주특기입니다. 감자와 양파, 당근, 카레가루를 직접 사와서 채소를 다듬고 가스레인지 불 위에서 볶다가 물을 부어 끓이고 채소가 익었을 때 두 가지 맛의 카레가루를 푸는 것까지, 모두 승훈 씨 몫입니다.

    네, 승훈 씨는 요리를 할 줄 압니다. 달걀 프라이는 기본이고요, 라면도 끓입니다. 엄마가 드시는 인스턴트 커피도 승훈 씨가 직접 탑니다.

    자폐성장애인인 승훈 씨에게는 달걀 프라이 하나 만드는 것도, 라면 하나 끓이는 것도 쉽지는 않았습니다. 승훈 씨가 중학생이 되고 조금씩 말을 하고 또 말을 알아듣게 되자 엄마는 승훈 씨에게 요리를 시켜 보기로 했습니다. 엄마가 없을 때 저 혼자서 끼니를 해결할 수 있도록 말이지요. 대단한 요리는 못하더라도 최소한 굶지는 않게 해야겠기에, 일단은 컵라면부터 시작했습니다. 컵라면은 커피포트에 물을 끓여 붓기만 하면 되니까요. 하지만 그렇게 간단한 조리법조차 승훈 씨에게는 전혀 간단한 것이 아니었습니다.

"승훈아, 이것 봐. 컵라면 먹을 때는 이렇게 포장을 벗기고 뚜껑을 반만 뜯어야 해. 그리고 수프를 뜯어서 넣고……."

어린 승훈 씨는 이런 상황이 난처하고 피하고만 싶었습니다. 계속해서 "싫어요! 안 할 거예요!"를 연발하면서 울부짖었습니다. 왜 이런 것을 해야 하는지를 전혀 몰랐으니까요. 요리가 어떤 것인지도 몰랐고, 무언가를 먹기 위해서는 무수히 많은 과정을 거쳐야 한다는 것도 이해할 수 없었으니까요.

그렇지만 포기할 엄마가 아니었습니다. 정 안 되겠으면 오늘은 일단 컵라면을 나눠 먹고 내일 다시 했습니다. 엄마가 시범을 보이면서 계속해서 말로 설명을 해주었지요. 커피포트의 뜨거운 물을 붓다가 화상을 입을 수도 있으니 오븐용 장갑을 끼며 나름대로 철저하게 준비도 했습니다.

매일같이 이어지는 반복되는 상황에 익숙해진 승훈 씨가 겨우겨우 혼자서 뜨거운 물을 부어 컵라면을 만들 수 있게 된 것은 그로부터 거의 1년이라는 시간이 흐른 뒤였습니다. 하지만 엄마는 여기서 멈추지 않았습니다. 이제 엄마는 봉지라면 끓이는 훈련에 착수했습니다. 그때가 바로 승훈 씨가 중학교 2학년이 됐을 때였습니다.

봉지라면을 끓이기 위해 우선 계량컵을 샀습니다. 1인용 양은 냄비도 샀습니다. 참을성 없는 승훈 씨에게 가스레인지에 냄비를 올려놓고 물이 끓기를 기다리는 시간은 짧으면 짧을수록 좋았기 때문입니다. 물이 끓으면 수프를 먼저 넣었습니다. 수프를 넣으면 갑작스럽게 뜨거운 물이 넘쳐 오르니 불을 줄여야 한다는 것도 수없이 들려 주고 보여 주었습니다.

"수프를 넣으니까 물이 넘치려고 하네. 위험하다. 안 되겠지? 이것 봐. 불을 줄이니까 안 넘치네?"

이 과정만 한 달을 연습했습니다. 물이 끓으면 위험하다는 것을 인지하는 데, 그것을 외우는 데만 한 달이 걸린 것이지요. 냄비가 작으니 라면을 반 쪼개서 넣어야 한다는 것도 수없이 가르쳤습니다. 그렇게 라면 끓이는 법을 배운 승훈 씨가 이제는 계란, 대파, 버섯까지 취향대로 넣어가면서 라면을 끓이는 남자가 되었습니다.

조금씩 말귀를 알아듣고 말을 할 줄 알게 된 초등학교 6학년 때부터 승훈 씨는 엄마와 함께 채소 썰기 연습을 했습니다. 그러기 위해서 엄마는 여러 가지 채소가 많이 들어가는 카레와 잡채를 일주일에 한두 번씩은 꼭 만들었습니다.

뜨거운 그릇은
조심해서 다뤄야 해.

✕ ✕ ✕

어린 아이들이, 특히 승훈 씨 같은 장애아가 칼이나 불을 다루는 것이 위험하지 않을까 걱정할 법도 합니다. 처음에 승훈 씨가 칼을 잡을 때 엄마도 함께 잡았습니다. 한두 번 해서는 당연히 될 리가 없다고 생각하고 천천히, 그리고 수없이 반복했습니다. 이정도면 다치지 않겠다는 확신이 들 때 엄마는 과감히 손을 놓았습니다. 좀 다치면 또 어떠냐고 생각했습니다. 다쳐도 봐야 아픈 걸 알고, 무서운 걸 알고, 그래야 스스로 조심하는 법을 익힐 수 있을 테니까요.

처음 양파를 썰 때는 눈이 맵다며 난리를 쳤지요. 그때 엄마는 승훈 씨에게 말했습니다. "승훈아, 엄마 눈 좀 봐. 엄마도 매워. 양파 때문에 매운 거야." 승훈 씨는 엄마의 눈에서 흘러내리는 눈물을 보고 소리쳤지요. "엄마 눈에서 물이 나와요!" "엄마 눈에서 물이 나와요!" 눈물이 무엇인지 모르는 승훈 씨였기 때문입니다. "승훈아, 이건 물이 아니고 눈물이야. 엄마 눈에서 눈물이 나지? 양파가 매워서 그래. 양파는 매워서 원래 썰면 눈물이 나."

이렇게 채소 써는 방법을 배우는 데도 또 1년 정도 걸렸습니다. 중학생이 되었을 때는 승훈 씨가 채소를 써는 동안 엄마는 설거지를 할 수 있었습니다. 얼마 후에는 채소 볶는 법도 가르쳤습니다. 이제 승훈 씨에게 채소를 썰고 볶고 카레를 만드는 일은 식은 죽 먹기입니다.

엄마가 승훈 씨에게 한 모든 교육은 한 계단을 오르고 또 다음 계단을 밟는 식으로 이루어졌습니다. 준비 없이 되는 것은 하나도 없었습니다. 몇 계단을 뛰어넘어 '이 정도는 알겠지'라며 갑자기 들이밀어서는 안 되었습니다. 무얼 시키든 기본부터 하나씩 차근차근 밟아나가야 했습니다. 이런 건 엄마가 책을 읽어서 안 것이 아니라 실제로 자폐성장애인 승훈 씨를 키우면서 깨달은 것입니다.

거기에 더해 섣부른 기대를 품지 않는 법도 배웠습니다. 그러면 엄마가 먼저 지치는 게 당연하니까요. 별 기대를 품지 않고, 아들이 듣든지 말든지 나는 하겠다는 태도로, 아무리 오랜 시간이 걸려도 포기하지 않았습니다. 돌이켜보면 그래서 이렇게나 많은 것들을 할 수 있었던 것 같습니다.

20대의 비장애인 청년들 중에서도 요리 한 번 해본 적 없는 사람들이 많습니다. 하물며 중학생이, 그것도 자폐성장애인이 요리를 할 수 있을 거라고 누가 생각이나 했을까요.

엄마는 장애인인 아들에게 필요한 것은 특별한 훈련이나 학습이 아니라, 하루하루를 살아가는 기술을 익히는 것이라고 생각했습니다. 승훈 씨에게는 이 세상에서 살아가는 자체가 가장 어렵고도 힘든 일이었으니까요. 작은 것 하나부터 제대로 해나간다면 그것들이 모여 큰 변화를 이루어낼 수도 있으리라 믿었습니다.

게다가 요리는 감각을 훈련하고 감성을 발달시키고 섬세함을 갖추기 위한 좋은 공부법입니다. 재료를 어떻게 자르고 얼마나 익혀서 무엇과 배합하느냐에 따라 맛이 천지차이인 것을 알게 됩니다. 좀 더 집중하고 좀 더 세심해지기도 합니다. 여러 일들을 동시에 처리하는 법도 익힙니다. 감성적이면서도 정확해집니다.

그러나 계란 프라이, 라면, 카레, 커피 모두 승훈 씨에게는 단순한 요리인 것만은 아닙니다. 요리란 건 만드는 데서 끝나는 것이 아니라 모든 과정이 끝난 후에 그 결과물을 다른 이들과 나눌 수 있는 것이니까요.

요리할 때는 진지하게,
정성을 다해서!

관계는 한 쪽이 일방적으로 주고 다른 한 쪽은 받기만 하는 것으로는 이루어지지 않습니다. 주고받는 것, 그것이 관계의 본질입니다. 도움만 받고 돌봄만 받던 승훈 씨가 요리라는 사소하고도 특별한 행위를 통해 반대로 남들에게 베푸는 사람이 될 수 있습니다. 진정한 관계를 맺을 수가 있습니다.

바로 그런 이유로 승훈 씨의 카레는 특별합니다. 언젠가 한 번 승훈 씨의 특별한 카레를 맛보고 싶습니다.

승훈이가 만든 카레,
드셔 보실래요?

한 번에
한 걸음씩

장애아의 부모는 아이의 상태를 조금이라도 낫게 할 수만 있다면 어떤 치료라도 불사합니다. 그렇게 온갖 치료를 받다 보면 한 달 치료비만 수백만 원이 드는 일도 부지기수입니다. 그래서 장애아를 둔 가정은 경제적으로도 위기에 처합니다.

엄마도 한때는 승훈 씨를 데리고 이런 저런 치료를 받으러 다녔습니다. 그런데 별 효과가 없더랍니다. 결국 엄마가 의지했던 것은 특별한 치료법이나 교육법은 아니었습니다. 엄마가 의지했던 것은 그저 시간이었습니다.

엄마는 승훈 씨에게 말을 가르치려 부단히도 애를 썼습니다.

승훈 씨가 생일 케이크에 촛불을 꽂아놓고 노래를 부른 뒤 입으로 불어 끄는 것을 좋아했기에 매일같이 엄마와 승훈 씨, 동생 민경 씨는 셋이서 찰흙으로 만든 케이크 모형에 촛불을 꽂아놓고 불을 붙인 채 노래를 불렀다고 합니다.

그때마다 엄마는 손가락으로 촛불을 가리키며 이렇게 말했지요.

"승훈아. 이건 불이야. 불."

그리고 초등학교 3학년 때 처음으로 승훈 씨는 '불'이라는 단어를 말합니다.

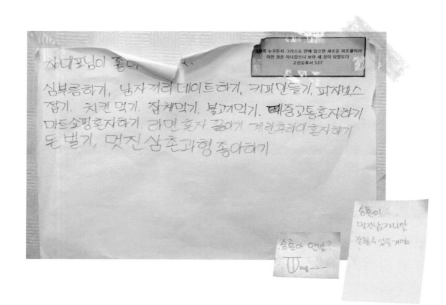

불. 그건 승훈 씨가 세상에 태어나 처음으로 말한 단어였습니다. 승훈 씨는 얼마 후 '엄마' 라는 말을 했습니다. 그 후로도 "컵 주세요."처럼 두 단어로 이루어진 말을 하기까지는 3년이라는 시간이 더 필요했습니다.

아이를 키우는 부모들은 이 세 글자를 마음에 새겨두는 것이 도움이 됩니다. 천천히.

아이들은 절대로 빨리 자라지 않습니다. 무의미해 보이는 하루하루, 매일매일 겪는 작은 실패와 성공을 밑거름 삼아 아이들은 자랍니다. 무슨 일이든 결과보다는 과정이 중요한 것처럼, 육아 역시 무조건 결과보다는 과정입니다.

우리의 육아법이나 교육법이 제대로 된 것인지 지금은 알 수 없습니다. 아주 오랜 시간이 지난 후에야 겨우 알 수 있을 테죠. 중요한 것은 아이와 함께 하는 하루하루일 뿐입니다. 조급한 마음이야말로 아이들을 키우는 데는 독입니다.

승훈 씨가 엄마의 눈을 쳐다보는 데는 13년이 걸렸습니다. "엄마" 라는 한마디를 하는 데는 10년이 걸렸고, 친구에게 초코파이 하나를 건네는 데도 5년이 걸렸습니다. 대소변을 가리는 것, 단추를 채우는 것, 허리띠의 버클을 채우는 것, 지퍼를 채우는 것, 심부름을 하는 것, 버스를 타고 지하철을 타는 것 모두 승훈 씨에게는 남들의 몇 배, 몇 십 배의 시간과 노력이 필요했습니다. 그럼에

승훈이 능력자 맞죠?

도 엄마는 시간만 주면 승훈 씨도 뭐든 할 수 있으리라 믿었습니다. 그렇게 믿고 기다렸습니다.

오늘 안 되면 내일 다시 도전했습니다. 끝이 보이지 않지만 언젠가는 끝이 있을 거라는 희망을 잃지 않았습니다. 포기하지 않으면 언젠가는 될 거라 믿었습니다. 조금이라도 발전하면 열심히 칭찬해 주었습니다. 한 번에 다 되리라는 욕심을 버렸습니다. 그랬더니 승훈 씨는 이토록 밝은 청년으로 자랐습니다.

결국 엄마가 다른 엄마들과 조금 다른 점이 있다면, 그것은 먼 곳을 보면서 동시에 눈앞에 놓인 작은 일들을 차근차근 처리할 줄 아는 능력인 것 같습니다. 이상과 현실 사이에서 균형을 잘 잡는 능력 말입니다.

혼자
고속버스를 탔습니다

초등학교에 입학한 후 엄마는 승훈 씨를 한 달 내내 학교에 데려다 주고 데리고 오기를 반복했습니다. 한 달 이후부터는 아침에 혼자 학교에 가게 했습니다. 물론 처음에는 미행도 했습니다. 보름 정도 지켜보니 승훈 씨 혼자 등교할 수 있을 것 같더랍니다. 그래서 혼자 보냈습니다.

집에서 떨어진 중학교에 입학한 후에도 혼자 마을버스에 태워 보냈습니다. 이때도 이틀 동안은 따라가 보았습니다. 그간의 훈련이 효과가 있었던지 승훈 씨는 마을버스 타기도 잘했습니다. 이틀 후부터는 마음 놓고 혼자 학교에 보냈습니다.

승훈 씨가 중학교 3학년이던 해, 엄마는 마침내 색다른 도전을 해보기로 마음먹었습니다. 여름방학을 맞은 승훈 씨를 혼자 고속버스에 태워 안동에 사는 이모님 댁에 보내기로 한 것입니다. 물론 유치원 때부터 엄마는 방학마다 승훈 씨 손을 잡고 고속버스를 타고 안동을 오갔습니다. 이렇게 오랫동안 반복했으니, 그리고 중학생이 된 승훈 씨가 전보다 말도 훨씬 잘하고 학교도 혼자 잘 다니고 심부름도 잘하는 걸 보니 이제는 이것도 할 수 있겠다는 자신감이 들었습니다. 눈을 맞추고, 일반학교에 보내고, 혼자 심부름을 보내는 것처럼 이것도 하나의 도전이라 생각했습니다.

　　그날 아침, 엄마는 승훈 씨와 함께 동서울터미널로 갔습니다. 이모에게는 미리 승훈 씨가 도착하는 시간에 맞춰 안동 터미널에 나와 계시라고 일러 두었습니다.

　　승훈 씨가 타고 갈 버스 기사님에게는 피로회복제 한 박스를 사 안기며 사정을 설명한 후, 혹시라도 승훈 씨가 휴게소에서 돌아오지 않으면 꼭 기다려 달라고 부탁했습니다. 다행히 기사님은 흔쾌히 그 부탁을 들어 주었습니다.

　　마지막으로 승훈 씨에게는 휴게소에서 내릴 때 화장실에 갔다가 편의점에서 과자를 두 봉지 산 후 곧바로 차로 돌아와야 한다고 단단히 일렀습니다.

드디어 승훈 씨가 탄 고속버스가 떠나고 엄마는 집으로 가는 지하철에 올랐습니다. 지하철 문이 닫히자 그제야 현실이 득달같이 달려들었습니다.

'내가 미쳤구나!'

엄마는 이런 일을 벌인 자신을 이해할 수가 없었습니다. 영원히 아들을 잃게 될지도 모른다는 공포심에 몸서리가 쳐졌습니다. 그 순간을 엄마는 이렇게 표현합니다. 내 몸이 절반으로 쪼개져 반쪽이 떨어져나가는 느낌이었다고요. 집에 돌아오는 내내 엄마는 누가 쳐다보는 것도 아랑곳하지 않고 펑펑 울었습니다. 그러면서 속으로 제발 아무 일 없게 해달라고, 무사히 도착하게 해달라고 기도하고 또 기도했습니다.

조금 지나 엄마는 두려움을 꾹꾹 눌러가며 승훈 씨에게 문자 메시지를 보냈습니다. 전화를 걸면 목소리 크기를 잘 조절할 줄 모르는 승훈 씨가 큰 소리로 말해 다른 승객들에게 불편을 줄까 염려되었기 때문입니다.

– 어디쯤 갔어?

곧 답이 도착했습니다.

– 경기도 광주시.

그렇게 계속해서 두 사람은 문자 메시지를 주고받았습니다. 몇 시간이 지나 안동 터미널로 나온 이모로부터 승훈 씨를 만났다는

지하철을 타고 혼자
여의도공원에 가서 자전거를 빌려 타고
돌아오는 별것 아닌 일도,
이들에게는 큰 의미가 있는 일이었습니다.

✚ ✚ ✚ ✚ ✚

연락을 받고 나서야 엄마는 정신을 차릴 수 있었습니다.

바로 그때부터였다고 합니다. 엄마에게 자신감이 생기기 시작한 때는요. 이것도 했으니 이제는 못할 게 없겠다 싶었습니다. 더놀라운 건 승훈 씨에게도 자신감이 생겼다는 겁니다. 이 일의 의미를 이해할 거라고는 기대조차 하지 않았는데 말이죠.

안동에 다녀온 후 승훈 씨는 혼자 여의도공원에 가서 자전거를 타보고 싶다고 했습니다. 엄마도 이제는 어디든 아들을 홀로 보낼 용기가 생겼습니다. 지하철을 타고 혼자 여의도공원에 가서 자전거를 빌려 타고 돌아오는 별것 아닌 일도, 이들에게는 큰 의미가 있는 일이었습니다.

사실 지금 돌이켜 보면 무슨 철학이 있어서 그리 했던 건 아니라고 합니다. 그냥 하나씩, 하나씩 도전해 보고 싶었다고 합니다. 그런데 엄마가 이런 도전을 하게 된 것은 반드시 승훈 씨를 위해서만은 아니었는지도 모릅니다.

그것은 장애가 있는 아들을 영원히 품 안에서 내보내고 싶지 않은 엄마의 욕심과 두려움을 내려놓기 위한 도전이 아니었을까요. 승훈 씨도 영원히 엄마 품에서만 살 수는 없으니까요. 언젠가는 세상 밖으로 나가 자신만의 삶을 살아야만 할 테니까요.

뭐든
할 수 있어요

오랫동안 승훈 씨네 가족을 지켜봐온 이웃들은 어린 시절 승훈 씨를 생각하면 언제나 혼자 언덕을 뛰어 내려가 슈퍼에 심부름을 다니던 모습이 기억난다고 합니다.

그때도 참 신기한 일이었습니다. 세상이 험하다며 아이들을 혼자서는 내보내지 않던 부모들이 많았기 때문입니다. 그런데 승훈 씨 엄마는 달랐습니다. 자폐성장애인인 승훈 씨를 혼자 등하교를 시켰습니다. 심부름도 시키고 집안일도 시켰습니다. 그 덕인지 중학교 때부터 승훈 씨의 사회성은 비약적으로 발달하기 시작했습니다.

물론 자폐성장애는 나을 수 있는 병이 아닙니다. 하지만 일찍 치료와 훈련을 시작할수록 발달 상태가 현저하게 좋아집니다. 보통 돌 전후에 빨리 발견해서 치료해야 효과가 가장 좋은데, 승훈 씨는 5살이 넘어서야 시작했습니다. 많이 늦은 것입니다. 그럼에도 포기하지 않고 훈련에 훈련을 거듭한 끝에 이 정도까지 온 것입니다.

무기력한 아이들, 꿈이 없는 아이들, 부모나 선생님의 지시 없이는 아무 것도 하지 못하는 수동적인 아이들은 자기 유능감이라는 것을 많이 경험해 보지 못한 채로 자란 아이들일 확률이 높다

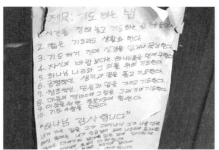

고 합니다. 자기 유능감이라는 건 어른들이 중심이 되어 돌아가는 세상에서 '나도 한몫하고 있다'는 작지만 귀중한 경험들을 통해 얻는 감정입니다. 어린 동생이나 나보다 약한 친구를 돌보고, 집안일 중 자신만의 영역을 책임지고, 부모님을 돕는 것들이 그렇습니다.

어려 보여도 아이들은 많은 것을 할 수 있습니다. 엄마가 승훈 씨에게 시켰던 것처럼, 스스로 선택하고 책임지는 법을 익히는 것이 중요합니다. 오늘 입을 옷을 고르는 것부터 혼자 일어나는 것, 책가방과 숙제를 챙기는 것, 식사 준비를 돕는 것, 빨래를 널고 심부름을 하는 것 등이 바로 그것입니다.

장애인이지만 승훈 씨 역시 오래 걸려도 다 할 수 있었습니다. 돈을 지불하는 체험이나 교육보다 이렇게 집안일을 돕는 것에서 아이들은 더 많은 것을 배우고 얻습니다. 일상의 소중함, 맡은 일에 대한 책임감, 부모와의 유대감 등을 말이지요.

용돈을 타서 쓰기보다는 아르바이트를 해서 돈 버는 일의 괴로움과 그렇게 번 돈을 잘 쓰는 법을 익히는 것, 힘들지라도 자신이 원하는 길을 스스로 찾는 것, 자기 삶을 스스로 디자인하는 것, 이런 일들을 경험해 보며 자란 아이와 그렇지 못한 아이가 훗날 세상살이를 받아들이는 차이는 클 겁니다.

엄마는 이렇게 스스로 살아가는 법을 익히는 시기는 빠르면 빠를수록 좋다고 말합니다. 장애아가 아니라 비장애아라 하더라도

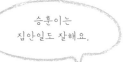

승훈이는
집안일도 잘해요.

마찬가지입니다. 한 번 해서 잘 안 된다고, 아이가 싫어하고 힘들어 한다고 포기하지 말고 꾸준히 해나가면 언젠가는 아이가 자신의 삶을 주체적으로 살아갈 날이 올 거라고 합니다. 그건 아이에게도, 부모에게도 좋은 일입니다.

승훈 씨의 오늘이 있는 이유는 엄마가 승훈 씨를 위해 무조건 희생만 했기 때문이 아닙니다. 엄마가 너그럽고 과감하고 단호하게, 아들이 혼자 할 수 있는 것은 혼자 할 수 있도록 격려하고 믿어주고 기다려 준 덕분입니다.

아이의 인생에서 무수한 실패와 고난을 제거할 수는 없습니다. 그건 불가능한 일입니다. 부모가 아이를 위해 할 수 있는 일은 아이가 자립할 수 있도록 돕는 일입니다. 아이가 실패할 수 있도록 돕는 일입니다.

아이를 위해 무엇이든 다 해주는 것이 사랑인 것 같아 보이지만, 사실 그것은 사랑이 아니라 부모의 욕심과 불안일 수도 있습니다. 정말로 아이가 잘되기를 바란다면 아주 작은 일부터 하나라도 더 시키는 것이 좋습니다.

계란은 샀고,
잊은 건 없겠지….

상처는 드러낼수록
가벼워져요

　부모는 9개월의 시간 동안 뱃속에 품은 아이를 만날 수 있기를 고대합니다. 우리를 닮은 아이가 태어나 잠을 자고 옹알이를 하고 눈을 맞추는 순간들은 전부 기적 같기만 합니다. 그런 내 아이에게, 고칠 수 없는 장애가 있다고 합니다. 어느 누가 그것을 쉽게 받아들일 수 있을까요.

　일본의 작가 오에 겐자부로는 자폐성장애를 가진 아들 히카리의 아버지이기도 합니다. 그는 소설《개인적인 체험》에 갓 태어난 아이에게 장애가 있다는 사실을 알게 된 한 젊은 아버지의 이야기를 쓰면서 자신의 고통스러운 체험을 녹여냈습니다. 그는 책의 후기에 아이의 장애 사실을 알게 된 직후의 심경에 대해 이렇게 쓰고 있습니다.

이제 와 보니 그 마른 종이 같은 소리를 내던 오동나무로 둘러싸인 셋방에서 그야말로 문자 그대로 절망하여(나는 감히 이렇게 쓴다. 그리고 그 후 줄곧 장애를 짊어진 아들과 살아왔고 연달아 닥쳐오는 새로운 어려움을 만났지만 그때처럼 온몸으로 절망한 자신이라는 것을 발견한 일은 두 번 다시 없었다고도 적어 두고 싶다. 말하자면 그렇게) 엎드려 있던 나에게도, 곁의 아기 침대에 한쪽 손을 얹은 채 망연히 지켜보고 있던 아내에게도. 그런 그녀의 젊음에 대한 추억과 함께 나는 어떤 미소와 같은 감정을 품는다…….

– 오에 겐자부로, 《개인적인 체험》 중에서

장애인의 부모는 쉽게 '장애'라는 단어를 입에 담지 못합니다. 당연합니다. 그 단어는 너무나 큰 아픔이고 상처이기 때문입니다. 그들에게 자신의 아이는 그저 다른 아이와 똑같은 아이일 뿐, '장애인'이라는 특별한 테두리로 묶어 세상 밖으로 밀어내 버리는 것은 너무 잔인하기 때문입니다. 그래서 장애인의 부모들은 대개 아이의 장애에 대해 "우리 아이가 아프다."고 표현하곤 합니다.

장애 판정을 받고 난 후에도 열심히 노력하면 아이의 장애를 치료할 수 있을 것 같습니다. 엄마 역시 마찬가지였습니다. 사실은 아직까지도 인정하기가 힘듭니다. 병에 걸리기라도 한 것처럼 어

느 날 갑자기 아들이 낫는 건 아닐까, 하는 희망도 채 버리지 못했습니다. 하지만 스물다섯 승훈 씨의 지능은 여전히 일곱 살에 멈춰 있습니다.

그런데 승훈 씨의 엄마가 다른 장애인의 부모님들과 다른 점은 장애인이라는 단어를 거침없이 입에 담는다는 것입니다.

"우리 승훈이는 발달장애인이에요."

"우리 승훈이는 장애인이라서."

"저는 장애인 엄마예요."

그런 말들이 누군가에게는 조금 놀랍게도, 불편하게도, 아프게도 들릴 수 있을 겁니다. 그런데 이상하게도 엄마가 먼저 그렇게 말해 주는 바람에 다가서는 사람들의 마음이 한결 편해집니다.

그렇지 않았더라면 승훈 씨나 엄마를 대할 때마다 얼굴에 난 커다란 점을 애써 모른 척하려는 사람처럼 불편한 기분이 들었을지도 모릅니다. 무슨 이야기를 해도 그 주제에 관해서는 이야기하지 않기 위해 노력하느라 만날 때마다 부담스러웠을 수도 있겠지요.

아이의 장애를 인정하는 것, 내가 먼저 내 아이는 장애인이라고 밝히는 것은 엄마에게도 결코 쉬운 일은 아니었습니다. 엄마에게도 '장애인'이라는 단어는 말로 표현할 수 없는 아픔이었습니다. 그럼에도 엄마가 당당하게 "승훈이는 장애인"이라고 먼저 말하자, 사람들은 승훈 씨와 엄마에게 편하게 다가오기 시작했습니다.

우리는 보통 용기를 타고난 것이라고 생각합니다. 두려움이 없는 상태라고 생각하기도 하고, 상처받지 않는 강한 마음이라고 말합니다. 어찌 됐든 우리는 용기를 특별한 사람들만이 획득할 수 있는 트로피 같은 것이라 여깁니다.

그러나 진정한 용기는 약하고 여린 사람이 고통의 시간을 거친 후 힘겹게 내딛는 떨리는 한 발짝인지도 모릅니다. 남에게 보여 주기 위한 허세가 아니라 나를 위한 필사의 몸부림인지도 모릅니다.

나의 치부를 남들 앞에서 먼저 드러내는 건 엄청난 용기가 필요한 일입니다. 우리가 지닌 상처는 때로 타인을 가로막는 벽이 되곤 합니다. 그런데 타인이나 외적 요인에 의해 만들어진 줄 알았던 그 벽은, 사실은 내가 나 자신을 보호하기 위해 둘러친 것일 수도 있습니다. 상처는 나의 갑옷이 되고, 나의 방패가 되고, 나의 보호막이 됩니다. 어느 순간 상처는 나 자신이 되어버립니다. 그런 상처에서 벗어나는 것이 누가 강요한다고 되는 일은 아닙니다.

누구도 혼자서 살 수는 없습니다. 아무리 아프고 힘겨워도 세상 속에서 사람들과 어울려 살아야 합니다. 도움을 주고 또 도움을 받아야 합니다. 서로의 손을 잡고 온기를 느껴야 합니다. 그래서 엄마는 먼저 자신의 상처를 열어 보이기로 결심했던 겁니다. 벽을 허물어버리기로 결심했던 겁니다. 그래야 엄마도, 승훈 씨도 세상 속으로 들어갈 수 있으니까요.

내가 먼저 용기를 내어 치부를 드러내고, 벽을 허물고, 문을 열어야 문 밖에 있는 사람들을 맞이할 수 있으니까요. 우리가 누려야할 삶이 있다면 바로 그런 것일 테니까요.

평범해도
괜찮아요

우리는 뛰어난 재능을 가진 자폐성장애인들의 이야기를 압니다. 영화《말아톤》의 초원이는 마라톤을 했고, 수영을 잘하던 진호라는 친구도 있었죠. 피아노를 치며 작곡을 하고 그림을 그리거나 수학이나 컴퓨터에 특별한 재능이 있는 자폐성장애인도 있습니다.

이런 특별한 재능을 '서번트 신드롬'이라고 부릅니다. 신경과 전문의이자 작가인 올리버 색스는 이를 '백치천재'라 설명하기도 했지요.

백치천재들은 장면, 음악, 어휘 등 분야를 막론하고 세부 사항을 기억하는 데 천부적인 재능을 보인다. 하지만 이들의 머릿속에는 큰 것과 작은 것, 사소한 것과 중요한 것이 전후좌우 구분 없이 무작위로 섞여 있고, 세부 사항을 일반화시키거나 인과관계 또는 시간 순서에 따라 통합하지 못한다.

– 올리버 색스, 《화성의 인류학자》 중에서

엄마도 처음에는 승훈 씨의 특별한 재능을 찾아보려고 애를 썼습니다. 승훈 씨가 남들과 다르다면 살아남기 위해 한 가지 무기 정도는 있는 것이 좋을 테니까요. 그래서 수영을 시켜 보기도 하고 피아노를 가르쳐 보기도 했습니다. 하지만 안타깝게도 승훈 씨에게는 비상한 기억력을 제외한다면 특별한 재능은 없었습니다. 실망스러웠지요.

그래서 엄마는 곧 생각을 바꿨습니다. 특별한 재능을 가져 잠깐 유명해질 수는 있습니다. 하지만 운동이나 음악을 그만 두면 그 이후의 인생은 또 다시 시작해야 합니다. 특수한 세계에서 살아가다가 평범한 사회로 편입하는 것은 장애가 없는 사람에게도 힘든 일입니다.

'그래, 그렇다면 큰 욕심 부리지 않고 이 아이가 사회 속에서 사람들과 관계 맺고 제 밥벌이 하며 홀로 설 수 있는 것을 목표로 하자'고 마음을 바꿨습니다. 그래서 직업훈련을 시키고 사회생활에 필요한 예절을 하나부터 열까지 가르친 것입니다.

× × ×

주문하는곳

바리스타 일은
언제나 즐거워요.

승훈 씨의 목표는 오직 평범한 삶입니다. 남들보다 나은 삶, 남들보다 앞서가는 삶을 원하는 것이 아닙니다. 힘들지 않고 고통스럽지 않은 삶을 원하는 것도 아닙니다. 그저 남들과 어울려 제 밥벌이를 하고 웃기도 하고 울기도 하며 살아가기를 바라는 것뿐입니다. 그것이 승훈 씨에게는 평범한 삶입니다.

소소한 것들을 사랑하고 남의 아픔에 눈물을 흘리고 친구와 정답게 지내고 매일 한 번씩 웃으며 하루하루를 충실히 살아가는 사람이 될 수 있다면, 그것이야말로 성공한 '평범한 인생'이 아닐까요. 엄마는 아들 승훈 씨가 바로 그런 삶을 살 수 있기를 바랍니다.

보이지 않는 것들을
배우는 법

　　엄마는 어린 승훈 씨와 외출할 때면 힘들어도 꼭 대중교통을 이용했습니다. 승훈 씨가 차나 기차 타는 것을 좋아했던 이유도 있지만, 혼자서 자유롭게 이동할 수 있는 능력이야말로 장애인인 승훈 씨에게 꼭 필요한 것이기 때문입니다.

　　"엄마는 어른이니까 5백 원, 승훈이는 어린이니까 3백 원."

　　돈을 낼 때마다 엄마는 입버릇처럼 이렇게 말해 주었습니다. 승훈 씨가 이 말들을 기억하도록 말이지요. 그리고 반드시 승훈 씨에게 행선지를 일러 주었습니다.

　　"승훈아, 오늘은 이 버스 타고 성대시장에 갈 거야." "오늘은 노량진에 가는 거야." "이 전철 타고 우리는 인천에 갈 거야."

거기에 더해 버스 노선도, 지하철 노선도 외우는 것을 좋아하는 승훈 씨에게 매 정거장마다 "이제 네 정거장 더 가면 돼. 네 정거장이면 어디에서 내리는 거지?"라고 묻기도 했습니다. 그렇게 노선도 위의 정류장들을 하나씩 짚어가며 수의 개념도 가르친 겁니다. 물론 승훈 씨는 엄마의 말을 알아듣거나, 알아듣는 시늉을 하지도 못했지요. 그래도 엄마는 멈추지 않고 말했습니다. 엄마의 표현대로 하면 정신 나간 사람처럼 계속해서 말했습니다.

승훈 씨를 키울 때, 사실 엄마에게는 특별한 가이드라인도 없었고 큰 희망도 없었습니다. 그때만 해도 엄마가 매달릴 수 있는 멘토는 물론이고 자폐증에 대한 정보도 많지 않았기 때문입니다. 그래서 눈에 보이는 모든 것들과, 눈에 보이지 않는 모든 것들에 대해 이야기해 주는 것 말고는 엄마가 달리 할 수 있는 것이 없었습니다.

승훈아, 저건 나무야. 나무가 참 크지? 저건 새야. 짹짹짹. 어, 빵빵 차가 온다. 차가 오면 어떻게 해야 하지? 이렇게 피해야지. 차는 위험해. 저기 버스가 지나간다. 버스 타고 학교에도 가고 시장에도 가고 회사에도 가는 거야. 바람이 부네. 바람이 부니까 춥다, 그렇지? 아, 저기 붕어빵 아저씨 있다. 승훈이 붕어빵 좋아해? 우리 붕어빵 먹을까? 집에 사가서 민경이랑 아빠도 줄까?

엄마가 아무리 말해도 승훈 씨에게서는 별 반응이 없었습니다.

그럼에도 엄마는 무엇이든 승훈 씨에게 알려 주려 했고, 무엇을 하든 승훈 씨의 의견을 물었습니다. 식당에 가도 승훈 씨가 고를 메뉴는 뻔했지만 엄마는 메뉴판을 보여 주면서 "승훈아, 뭐 먹고 싶어?" 하고 묻기부터 했습니다.

그렇게 한 이유는 비록 장애인이더라도 아들의 의사를 존중해 주고 싶어서였습니다. 아무리 장애인이라도 좋은 것, 싫은 것, 원하는 것이 있고 그것을 무시해서는 안 되기 때문입니다. 아이를 키울 때 다 그렇듯 집에서 존중을 받고 배려를 받고 자라야, 밖에 나가서도 남들에게 존중받고 배려할 수 있는 사람이 될 수 있으리라 믿었기 때문입니다. 게다가 어딜 가든 엄마가 대신 선택해 주고 도와 주기만 한다면 승훈 씨는 나중에 친구들과 함께 식당에 가서도 혼자서는 메뉴조차 고를 수 없는 사람이 될지도 모릅니다.

승훈 씨는 요즘 체크카드 사용하는 법을 익히고 있습니다. 예전에는 엄마가 용돈을 주었지만 지금은 승훈 씨가 직접 체크카드로 결제를 하고, 현금인출기에서 돈을 뽑아서 쓰도록 합니다.

돈 개념이 없는 승훈 씨는 처음에는 현금인출기를 카드만 넣으면 돈이 튀어나오는 요술항아리로 생각했습니다. 번 돈을 은행에 맡기고 은행은 그 돈을 현금인출기를 통해 뽑아서 쓸 수 있게 한다는, 눈에 보이지 않는 시스템을 이해하지 못하는 것이지요. 절제하지 못하고 가진 돈을 여기저기 다 써버릴까 걱정이 된 엄마는 승

훈 씨에게 그 옛날처럼 이야기해 줍니다. "승훈아, 현금인출기에서 돈을 함부로 뽑아서 쓰면 안 돼." "체크카드로 물건을 함부로 사서는 안 돼. 그러면 은행에 있는 승훈이 돈이 다 없어져."

그래서 승훈 씨는 요즘 강박적으로 같은 말을 반복합니다. "현금인출기에서 돈을 함부로 뽑아서 쓰면 안 돼요." "체크카드를 자주 쓰면 안 돼요." 아마 이 말들이 잦아들 때쯤이면 승훈 씨도 체크카드 사용하는 법을 비로소 익힐 수 있겠지요. 눈에 보이지 않는 것들을 머리로 이해하지는 못해도, 마음으로는 받아들일 수 있게 되겠지요.

마음의
속도

아무 반응 없이 닿을 수 없는 곳으로 점점 더 멀어져만 가는 아이를 볼 때 부모는 자책의 늪에 빠지기 쉽다. 자폐아를 둔 부모는 사랑해 주지 않는 아이에게 말을 붙이고 사랑을 쏟기 위해 애를 쓴다. 상상이 되지 않는 낯선 세계에 사는 아이를 이해하고 보듬기 위해 초인적인 노력을 기울인다. 하지만 모두 허사인 것처럼 느껴질 때가 많다.

- 올리버 색스, 《화성의 인류학자》 중에서

치료될 수 없는, 절대 나을 수 없는 장애를 안고 태어난 아이의 부모라면 아마 '죽음'이라는 단어를 한 번쯤은 떠올려본 적이 있을 겁니다. 그 고통은 죽기 전에는 끝이 나지 않을 것 같습니다. 그래서 죽음은 두려움이자 해방으로 다가옵니다. 어떤 때는 그것만이 유일한 해결책처럼 느껴지기도 합니다. 그러나 내가 죽고 난 뒤 홀로 남겨질 아이를 생각하면 도저히 죽을 수도 없습니다. 그러면 답은 하나뿐입니다. 한날한시에 함께 죽는 것.

엄마도 한때는 너무 힘들어서 학교가 파하고 빌라 계단을 오르는 승훈 씨의 발소리만 들어도 심장이 벌렁거릴 정도였습니다. '오늘은 승훈이가 또 날 무엇으로 괴롭힐까' 싶었습니다.

그도 그럴 것이 기본적인 의사소통은 물론이고 먹는 것, 자는 것, 입는 것, 배변활동까지 승훈 씨가 제대로 할 수 있는 일은 거의 없었습니다. 스트레스를 너무 많이 받아 밤마다 잘 마시지도 못하는 술을 마셔야 잠이 들던 시절도 있었고, 3개월 동안 생리가 끊긴 일도 있었고, 버티지 못하고 입원한 일도 있었습니다.

1분 1초도 가만히 있지 못하는 승훈 씨가 유일하게 얌전히 있는 곳이 차 안이었기 때문에, 승훈 씨와 함께 종점까지 한 시간 반이 걸리는 버스를 탈 때도 많았습니다. 승훈 씨가 획획 지나가는 바깥 풍경에 꼼짝도 않고 집중해 있는 그 왕복 세 시간 동안은 엄마도 쉴 수 있었으니까요. 그 시절에는 뭔가를 계획하고 점검할 여유도 없었습니다. 어떻게든 이 시기를 벗어날 수 있기만을 바라며 보냈던 것 같습니다.

엄마가 아무리 해도 닿지 않던 말들이,
이렇게 오랜 시간을 돌고 돌아
이제는 승훈 씨의 마음에 닿습니다.

엄마도 사람인데 어떻게 화가 나지 않았을까요. 한번은 너무 화가 나서 소리를 질렀더니 승훈 씨가 2시간이 넘도록 바닥을 데굴데굴 구르면서 발작을 일으키는 것이었습니다. 그 후로는 무조건 참았습니다. 화를 내봤자 더 큰 화가 돌아올 뿐, 나아질 게 없기 때문이었습니다.

승훈 씨의 자폐 증세를 참고, 세상의 차가운 시선을 참고, 한 치 앞도 보이지 않는 앞날에의 불안과 막막함을 참고, 가혹한 운명 앞에서의 절망감을 참았습니다. 너무 참아서 아직도 조금만 무리를 하면 목부터 어깨까지 꼼짝도 못할 정도로 아프다고 합니다.

사실 엄마는 승훈 씨를 키우면서 두 번, 죽음을 결심한 적이 있습니다. 그 중 한 번은 승훈 씨가 일곱 살이던 여름이었습니다.

그때 엄마는 정말이지 살고 싶지 않았습니다. 승훈 씨는 1초도 가만히 있지 못하고 온 집안을 난장판으로 만들어 놓았습니다. 옷을 갈아입혀도 몇 분도 채 안 되어 흙투성이가 되었습니다. 안과 밖도 구분하지 못했습니다. 어딜 가든 드러누워서 뒹굴기부터 했습니다. 제대로 먹지도 않고 제대로 자지도 않았습니다.

어린 짐승 같은 승훈 씨를 끼고 난장판이 된 집 한가운데 앉아 있는데 머리에 쥐가 났습니다. 아무리 노력해도 이 상황은 끝날 것 같지 않았습니다. 그러자 그냥 죽자는 생각이 들었습니다. 죽자. 그래, 죽자.

그런데 엄마가 죽고 나면 천덕꾸러기가 될 아들을 생각하니 혼자 죽을 수도 없었습니다. 그러면 마지막으로 이 아이를 때려야겠다. 때려서라도 뭔가 알아듣는다면 희망이 있는 거니까 그때는 살고, 그래도 못 알아들으면 같이 죽어야겠다고 결심했습니다.

엄마는 승훈 씨를 화장실로 데리고 들어가서 때리기 시작했습니다. 승훈 씨는 울부짖었습니다. 아무리 때려도 승훈 씨 얼굴에는 자기가 왜 맞는지도 모르는, 순진무구한 표정밖에는 없었습니다.

'아, 안 되겠다. 죽어야겠다.' 생각했습니다. 지금 생각해도 그 충동을 어떻게 이겼는지 모르겠습니다. 잠시 후 이성을 차리고 나니 승훈 씨의 눈이 보이더랍니다. 그 눈이 살고 싶다고 말하고 있더랍니다.

지금 돌이켜 보면 극심한 우울증이었던 것 같습니다. 그때는 그런 것도 몰랐습니다. 그저 누구도 이해하지 못하는 고통 속에서 몸부림칠 뿐이었습니다.

누군가가 생각 없이 던진 농담이 승훈 씨에게는 상처가 될 때가 있습니다. 얼마 전 직장을 옮기게 된 승훈 씨에게 친한 동료가 장난으로 "승훈 씨 이렇게 가다니 배신자예요."라고 한 적이 있었습니다.

그 말에 충격을 받은 승훈 씨는 하루 종일 어두운 얼굴로 "그 형이 배신자라고 했어요."를 강박적으로 되뇌었습니다. 아무리 팬

찮다고 해도, 좋아서 장난을 친 거라고 해도 그때만 알아들을 뿐 잠시 후면 또 같은 말을 반복했습니다.

저녁에 집으로 돌아온 승훈 씨는 엄마를 보자 다시 그 이야기를 했습니다. 엄마가 부드럽게 "괜찮아, 승훈아. 그건 장난이야. 좋아서, 승훈이가 보고 싶을 것 같아서 그렇게 이야기한 거야. 농담이야."라고 말해 주자 그제야 승훈 씨는 그 말을 멈추었습니다.

이제 승훈 씨는 듣습니다. 엄마의 말을 듣습니다. 내가 사랑하고 나를 사랑해 주는 사람이 하는 말을 듣습니다. 내가 세상에서 가장 신뢰하고 또 나를 신뢰하는 사람이 하는 말을 듣습니다. 엄마가 아무리 해도 닿지 않던 말들이, 이렇게 오랜 시간을 돌고 돌아 이제는 승훈 씨의 마음에 닿습니다.

빛의 속도가 가장 빠른 속도를 뜻한다면 어쩌면 이것은 가장 느린, 마음의 속도가 아닐까요. 수천 번, 수만 번을 반복한 후에야 비로소 상대의 마음에 가닿는 말, 그 말들에는 말보다 더한 것들, 말로는 차마 표현할 수 없는 것들이 담겨 있기에 이렇게나 늦게 닿는지도 모릅니다.

오나미, 이수지, 조혜련!

승훈 씨를 웃게 하려면 이 세 마디만 하면 됩니다.

"오나미, 이수지, 조혜련!"

그러면 승훈 씨는 활짝 웃습니다. 깔깔대며 소리까지 내며 웃습니다. 세 여자 코미디언의 유행어까지 따라합니다. 승훈 씨는 코미디 프로그램을 정말 좋아합니다.

영화 《말아톤》의 주인공 초원이가 그랬던 것처럼, 승훈 씨 역시 언제 어

느 때에 웃어야 하는지를 몰랐습니다. 자폐성장애인들은 웃는 것이 어떤 의미인지 알지 못합니다. 엄마는 승훈 씨에게 웃는 얼굴이 예쁘다고 주문처럼 말해 주었습니다. 입 꼬리를 올려 웃는 법도 가르쳐 주었습니다.

요즘도 일요일이면 교회에 다녀와서 가족들과 저녁을 먹고 함께 〈개그 콘서트〉를 보는 것이 승훈 씨의 낙입니다. 〈개그 콘서트〉를 볼 때면 승훈 씨는 깔깔 웃는 것으로도 모자라 데굴데굴 구를 정도입니다.

그래서 웃어야 할 일이 생기면 가족들은 승훈 씨가 좋아하는 여자 코미디언들의 이름을 외칩니다. 특히 사진을 찍을 때 이 방법은 특효약이지요.

개그 콘서트,
정말 재밌어.

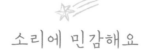

소리에 민감해요

자극에 민감한 자폐성장애인 승훈 씨는 어릴 때만 해도 아기 울음소리에 발작적인 반응을 보였습니다. 그 소리가 너무 괴로워 소리를 지르며 바닥을 구르기도 했지요.

반대로 음악을 크게 틀고 듣는 것을 좋아했습니다. 보통 크게 듣는 정도가 아니라 귀가 멍멍해질 정도로 커야 했습니다.

집에서는 음악을 크게 틀 수가 없어 아빠는 주말이면 승훈 씨를 차에 태워 서울 집에서 경기도 일대까지 드라이브하곤 했습니다. 귀가 찢어지게 음악을 틀고서 말이죠.

승훈 씨야 좋아했지만 아빠로서는 곤욕이었습니다. 드라이브를 다녀온

다음 날 출근을 하다가 지하철역에서 쓰러진 적도 있었습니다. 오랫동안 너무 큰 소리를 듣다 보니 그만 평형 기능을 담당하는 귓속 달팽이관이 잠깐 망가졌던 겁니다.

엄마가 운전을 할 때도 승훈 씨는 옆자리에 앉아 계속 음악 소리를 크게 키웠습니다. 엄마가 "승훈아, 엄마 귀가 너무 아파. 소리 좀 줄이자." 고 말하면 바로 줄였지만, 3초도 지나지 않아 다시 크게 키우기를 반복했지요.

지금은요? 음악 소리를 그렇게 크게 키우면 주위 사람들이 괴로워하니 줄여야 한다는 걸 압니다. 전보다 자제력도 훨씬 많이 생겼습니다. 카페에서 일하다 보면 아기 손님들이 와서 울음소리가 들릴 때도 있는데 그것도 잘 참습니다.

물론 승훈 씨에게 그 소리가 여전히 충분히 크거나 작게 들리지는 않을 겁니다. 그럼에도 꼭 참고 있는 승훈 씨를 보면서 엄마는 '저 아이도 노력하고 있구나.' 하는 생각에 대견하기도 하고 안쓰럽기도 합니다.

03

그렇게 우리는
부모가 된다

엄마도
자랍니다

엄마는 어린 시절 유달리 수줍음이 많고 자신감 없던 소녀였습니다. 딸 많은 집의 막내로 보살핌만 받고 자라 남의 감정을 헤아릴 줄도 몰랐습니다.

그런 엄마가 장애인 승훈 씨를 낳고 키우게 되었습니다. 한순간도 내 뜻대로 움직이지 않는 아이를 키운다는 건 매순간이 전쟁이라는 뜻입니다.

말을 해도 못 알아듣고 말을 할 줄도 모르고 엄마를 쳐다보지도 않는 아이였습니다. 자기가 어디에 있는지도 모르고 무엇을 해야 하는지도 몰랐습니다. 누구나 자라면서 자연스럽게 배우는 일들을 승훈 씨는 조금도 배우지 못했습니다. 그리고 앞으로도 영원히 이렇게 살아가야만 한다고 했습니다.

그런 아들을 키우는 것은 엄마 자신을 뛰어넘는 일이었습니다. 이것밖에 안 되는 나를 억지로라도 일으켜 세우는 일이었습니다. 이것밖에 모르는 나를 다그치는 일이었습니다. 이것밖에 안 되는 내가 좀 더 나은 사람이 될 수 있도록, 그래서 승훈 씨를 좀 더 잘 키울 수 있도록 채찍질하는 일이었습니다.

그래서 더 힘들었을 겁니다. 엄마도 사람이었으니까요. 부족함 많은 한 인간일 뿐이었으니까요. 이렇게 어려운 일을 떠맡으리라고는 상상조차 못했으니까요. 승훈 씨가 초등학교 다니던 내내 엄마는 매일같이 울었습니다. 걸어가면서도 울고 학교에 가서도 울고 화장실에서도 울고 차 안에서도 울고 누굴 만나도 울었습니다. 너무 많이 울어서 아빠가 제발 그만 좀 울라고 핀잔을 줄 정도로 울었습니다.

인간의 힘으로는 도저히 헤어날 수 없는 고통 앞에서 엄마는 죽음을 생각한 적도 있었습니다. 그때 엄마를 일으킨 것은 신앙의 힘이었다고 합니다. 종교를 갖게 된 후 엄마는 마음의 평안을 찾고 상황을 긍정적으로 바라볼 수 있게 되었습니다. 고통을 딛고 일어나 자신보다 더 고통스러운 이들에게 손을 내밀 수도 있게 되었습니다.

엄마는 벌써 4년째 서울시 동작관악 특수교육지원센터에서 비슷한 처지인 장애아의 엄마들을 만나 상담을 해주고 있습니다. 장장 3시간이 걸리는 상담입니다. 3시간도 부족해서 4시간까지 늘어나는 일도 부지기수입니다. 상담을 받으러 온 엄마들 중 울지 않는 엄마는 없습니다. 그런 엄마들이 애처로워 승훈 씨 엄마도 같이 웁니다.

한 번은 상담 시간 내내 입 한 번 안 떼던 엄마를 만난 적도 있습니다. 마음의 상처가 너무 커 누구에게도 자신의 마음을 열어 보이지 못하는 겁니다. 장애가 있는 아이를 키우는 것도 숨이 넘어갈 정도로 힘든데 누구도 자신을 이해하거나 도와 주지 않는 데 상처를 받은 겁니다. 자신을 이렇게 만든 운명이라는 것에도 상처를 받은 겁니다.

그러나 오랜 시간을 함께 보내면서, 서로 다독이고 웃고 울면서, 엄마들의 상처가 조금씩 아뭅니다. 이제는 처음처럼 어두운 표정이 많이 사라졌습니다. 다들 화장도 하고 예쁜 옷도 입고 다닙니다. 장애아를 키우고 있는 엄마처럼 보이지 않을 만큼 많이 밝아지고 많이 씩씩해졌습니다. 어떤 전문가, 대학교수보다 같은 고통을 겪은 승훈 씨 엄마의 말이 다른 엄마들의 마음에도 더 잘 와 닿는 것이 당연합니다.

얼마 전 엄마는 한 장애아의 엄마와 상담을 하게 되었습니다. 그 자신이 시각장애인인 엄마였습니다. 그것도 후천적인 시각장애

엄마에게 승훈 씨는 아들일 뿐만 아니라
인생의 스승인지도 모릅니다.

였습니다. 20대에 시력을 완전히 잃었다 합니다. 이 엄마가 낳은 아이가 자폐성장애라고 합니다. 눈이 보이지 않는 엄마가 자폐아를 키우다니요, 두 눈이 멀쩡한 엄마가 키워도 죽고 싶을 정도로 힘든 일이었습니다. 사정만 듣고도 가슴이 콱 막히는 것 같았습니다.

그런데 막상 만나보니 그 시각장애인 엄마의 표정이 너무나 밝았습니다. 몸이 멀쩡한 내가 힘들다고, 죽겠다고 했던 것들이 투

정처럼 느껴질 정도로 밝은 얼굴이었습니다. 그녀를 보면서 엄마는 여러 가지 생각을 했습니다.

그래도 나는 두 눈이 보인다는 것에 감사합니다. 두 눈이 보이지 않는 채로 장애아를 키우면서도 저렇게 밝은 사람에게 경외감을 품습니다. 세상에는 아직도 내가 모르는 것들이 많고, 또 배워야 할 것들이 많다는 사실에 가슴이 벅차오르기도 합니다.

남들 앞에 나서는 것조차 부끄러워 못 견디던 엄마가, 자신감 없던 엄마가, 자기 자신을 좋아해본 적 없던 엄마가 이제는 이렇게 밝고 단단한 사람이 되었습니다. 그런 사람이 되어 남의 마음까지 헤아리고 치유해 줄 수 있게 되었습니다. 그러므로 엄마에게 승훈 씨는 아들일 뿐만 아니라 인생의 스승인지도 모릅니다.

승훈 씨를 키우며 엄마는 내가 받은 사랑과 고마움을 남을 위해 나눌 줄 아는 사람이 되었습니다. 남을 돕는 데서 보람을 찾을 줄 아는 사람이 되었습니다. 아무리 나이가 들어도 웃고, 울고, 돕고, 배우고, 사랑하며 살 줄 아는 사람이 되었습니다. 인간과 삶과 세상 만물을 더 깊이 들여다 볼 수 있는 사람이 되었습니다. 멋진 아들을 키우는 만큼, 엄마도 멋진 엄마가 되었습니다.

내가 너의
친구가 되어 줄게

민주 씨가 승훈 씨를 만난 건 초등학교 1학년 교실에서였습니다. 그때만 해도 민주 씨는 장애인이 어떤 사람인지조차 몰랐습니다. 장애인을 만나본 적도, 장애인에 대한 이야기를 들어본 적도 없었습니다.

그런데 가만히 앉아 있지 못하고 쉴 새 없이 혼자 중얼거리고 이상한 행동을 하는데다 심지어 교실 뒤쪽 바닥에 매트까지 깔고 누워 지내는 남자아이가 한 명 있었습니다. 그런 승훈 씨를 보면서 민주 씨는 '쟨 참 이상한 것 같다.' '쟨 뭘까.' 하고 생각했습니다.

승훈 씨는 그렇게 누워 있다가도 갑자기 교실을 뛰쳐나가곤 했습니다. 그럴 때마다 놀란 민주 씨는 누가 시키지도 않았는데 뛰어나가 승훈 씨를 잡으러 다녔습니다. 그렇게 민주 씨는 초등학교 6년, 중학교 3년, 도합 9년 동안 승훈 씨의 도우미 친구가 되었습니다.

그때 왜 승훈 씨를 쫓아 다녔느냐고 묻자 민주 씨는 잘 모르겠다며 웃습니다.

"저러다 밖으로 나가버리면 어떡하나 걱정이 되어서요."

그런데 그 사람이 왜 하필 민주 씨여야 했느냐고 묻자 여전히 잘 모르겠다고 합니다. 책임감이나 정의감이 남보다 강한 것 같기도 하고 아닌 것 같기도 합니다. 그냥 자기는 평범한 사람이랍니다.

그 시절 운동장을 빙빙 돌며 잡기놀이라도 하듯 달리던 승훈 씨와 민주 씨. 두 친구는 지금도 여전히 연락을 하고 종종 얼굴을 봅니다. 승훈 씨는 민주 씨가 대학을 졸업한 기념으로 화장품 세트를 선물했습니다. 양말 한 벌도 잊지 않고 챙겼습니다. 다 스스로 일해서 번 돈으로 산 것들입니다.

혹시 승훈 씨의 도우미로 지내는 것이 싫었던 적은 없느냐고 물었습니다. 그러자 민주 씨가 승훈 씨 엄마의 눈치를 살짝 보더니 말합니다.

"사실 이건 처음 말하는 건데, 초등학교를 졸업하고 중학교에 들어가게 되자 '이제 해방이다!'는 생각이 들었어요.(웃음) 이제 더 이상 승훈이를 쫓아다닐 필요도 없고 아이들에게 '차승훈 부

인 '차승훈 여자친구' 라는 소리를 들을 필요도 없다고 생각하니 너무 좋았어요."

아마 학교에서 민주 씨와 승훈 씨는 한 세트로 취급되었을 것입니다. 사춘기 소녀가 이런 놀림을 일상적으로 받았으니 아무리 착한 민주 씨라지만 속이 상했을 법도 합니다.

그때 민주 씨네 집 바로 앞에는 한 중학교가 있어 당연히 그 학교에 배정받을 거라고 믿고 있었습니다. 그런데 운명의 장난인지, 민주 씨는 집에서 한참 떨어진 다른 중학교에 배정을 받습니다. 입학식 날, 줄을 서있던 민주 씨에게 누군가 말을 겁니다.

"어머, 민주야. 너 여기 웬일이니?"

승훈 씨 엄마였습니다. 엄마는 민주 씨와 같은 중학교에 배정된 것을 행운이자 기적으로 기억하지만, 재미있게도 민주 씨의 기억은 다릅니다.

"집에 가서 펑펑 울었어요. 싫다고요. 이제 겨우 해방이라고 생각했는데……."

그런데 펑펑 울던 딸에게 민주 씨 엄마가 이런 말씀을 해주었다고 합니다.

"민주야, 네가 원하지 않으면 승훈이 도우미가 되어 줄 필요가 없어. 아무도 너한테 안 시켜. 정말 싫으면 다른 학교로 전학이라도 보내 줄게. 그런데 민주야, 한 번 생각해 봐. 너 승훈이랑 6년 동안 함께 지내면서, 싫기만 했니? 손해만 봤어?"

14살 민주 씨는 생각했습니다. 차승훈이라는 아이가 6년 동안 자신에게 준 것이 무엇인지를요. 아마 지금껏 그런 생각을 해본 적이 없었을 겁니다. 민주 씨에게 승훈 씨는 보호해야 할 아이, 지켜 줘야 할 아이, 도와 줘야 할 아이일 뿐이었죠. 그런데 엄마 말대로 생각을 바꿔보니 민주 씨만 승훈 씨에게 뭔가를 준 것이 아니었습니다.

승훈 씨가 아니었다면 민주 씨가 그 어린 나이에 큰 배려심을 배울 기회가 있었을까요. 민주 씨는 승훈 씨를 도우면서 자신이 필요한 사람, 소중한 사람이 되었다는 기분을 느낄 수 있었다고 합니다. 그 덕에 자존감이 튼튼한 소녀로 자랄 수 있었겠지요.

승훈 씨의 도우미였기에 담임선생님이 덩달아 민주 씨까지 잘 기억해 주는 것도 좋았다고 합니다. 그래서 민주 씨는 다시 중학교 3년 동안 승훈 씨의 도우미가 되어 주기로 결심했습니다.

누군가를 한 번 도와주는 것은 크게 어려운 일이 아닙니다. 선심 쓰듯 한 번 돕고 그 자리를 떠나면 됩니다. 뒷일은 나하고는 관계없습니다. 그러나 민주 씨는 자그마치 9년 동안 승훈 씨 옆을 지켰습니다. 그것은 착하다는 말로는 부족한 행동입니다.

민주 씨에게는 남들이 기꺼이 자신에게 이끌리도록 하는 따뜻하고 밝은 에너지가 있습니다. 그것이 민주 씨의 특별한 자질이라면 자질입니다. 그 능력으로 민주 씨는 승훈 씨의 좋은 도우미 친

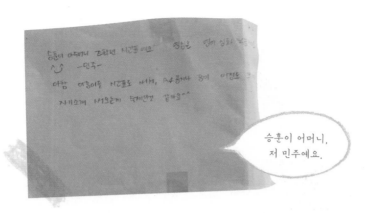

승훈이 어머니,
저 민주예요.

구가 되어 주었을 뿐 아니라, 승훈 씨와 다른 친구들과의 관계까지 챙길 수 있었습니다. 승훈 씨가 다른 친구와도 짝이 될 수 있게 해 달라고 선생님께 건의했던 이유는 그래야 다른 친구들과도 친해질 수 있을 거라 생각했기 때문입니다.

물론 승훈 씨와 친구들 사이에 트러블도 있었습니다. 승훈 씨는 감정 조절을 못하고 흥분을 잘했기에 친구들이 놀릴 때면 몸싸움이 일어나기도 했습니다. 그럴 때 민주 씨는 무조건 승훈 씨만 옹호하지 않았습니다. 양쪽의 이야기를 모두 들어보고 서로 화해할 수 있도록 중재했습니다. 그렇게 승훈 씨는 민주 씨를 통해 친구들 속에 섞일 수 있었습니다.

승훈 씨와 함께했던 기억 중에 나쁜 기억은 없느냐는 질문에 민주 씨는 그저 즐거웠던 기억밖에 없다며 두 눈을 반짝입니다. 다른 친구들과 승훈 씨 주변에 둘러앉아 과자를 나눠먹고 승훈 씨가 재미있는 말이나 행동을 하면 함께 웃고 떠들며 놀던 기억이 아직도 생생하다고 합니다.

민주 씨가 이렇게 자랄 수 있었던 데는 어린 민주 씨를 데리고 봉사활동을 다니며 모범을 보여주고, 또 9년이라는 긴 세월 동안 딸이 장애인 친구를 도와 주는 것을 적극적으로 지지했던 민주 씨 엄마의 영향도 크겠지요.

민주 씨는 지금 특수교육학과를 졸업하고 특수교사가 되기 위해 임용고시를 준비하고 있습니다. 승훈 씨와 함께한 경험이 진로를 선택한 동기가 된 것이지요. 밝고 따뜻하고 용기 있는 사람 민주 씨는 좋은 선생님이 되어 많은 아이들에게 햇살 같은 사랑을 베풀어 줄 거라고 믿습니다. 그 옛날 어린 소녀 민주가 자폐 소년 승훈이에게 그랬던 것처럼 말입니다.

동생이
있습니다

승훈 씨에게는 동생이 있습니다. 여동생입니다. 이름은 차민경. 올해 21살의 예쁜 여대생입니다.

아빠는 민경 씨를 생각하면 미안한 것이 많다고 합니다. 장애가 있는 오빠 때문에 민경 씨는 다른 집 막내딸처럼 응석받이로 자랄 수 없었습니다. 관심도, 사랑도 듬뿍 받지 못했습니다. 뭐든 혼자 해야 했습니다.

엄마가 오빠의 치료와 상담을 받느라 정신이 없었기에 학교 갔다 집에 돌아와도 아무도 없는 날이 대부분이었습니다. 어린 민경 씨는 혼자 이 동네 저 동네 놀이터를 휩쓸며 놀았습니다. 남의 집에 가서 밥을 얻어먹고 잠까지 잔 적도 많습니다.

　　오빠 때문에 민경 씨는 많은 것을 참고 포기하고 양보해야 했습니다. 오빠와 달리 똑똑한 자신에게 거는 부모님의 기대도 부담스러웠겠지요. 아주 어릴 때는 통제 불능의 오빠 때문에 짜증이 나서 오빠는 마당에서 천막 치고 살게 하면 안 되느냐고 부모님께 떼를 쓴 적도 있었습니다.

　　민경 씨도 어쩌면 장애인 가정의 어떤 형제들처럼 비뚤어질 수도 있었을 겁니다. 부모를 원망하고 장애가 있는 형제에 대한 미움과 죄책감이라는 상반된 감정을 품은 채로 분노 속에서 살아갈 수도 있었을 겁니다.

그런데 민경 씨는 참 바르게 자랐습니다. 한눈에 보아도 밝고 건강한 20대입니다. 게다가 민경 씨는 혼자 커야 했던 자신의 유년 시절에 큰 불만이 없습니다. 오히려 자유 시간이 많아 놀이터에서 친구들을 많이 사귈 수 있어 좋았다고 합니다.

민경 씨 말로는 무엇을 하든 부모님께 허락을 구한 적도 없답니다. 늘 "이거 할게요." 하고 통보하는 식이었습니다. 아빠와 엄마는 민경 씨가 하는 일이라면 언제나 믿어 주었습니다. 그래서 민경 씨는 자기 일은 스스로 알아서 하는 독립심 강한 소녀로 성장했습니다. 학원에 다니지 않아도 공부를 잘했습니다. 연극 연출가가 되고 싶어 대학 진학을 준비하는 것도 혼자 했습니다. 민경 씨는 지금 원하던 대학의 연극학과에 입학해 열심히 공부하고 있습니다.

민경 씨가 바르게 자랄 수 있었던 데는 아마 부모님의 영향도 크겠지요. 가진 것 없고 장애인인 아들까지 두었지만 아빠와 엄마는 참 바르게 살아왔습니다. 남에게 폐 끼치지 않고 부끄러운 모습 보이지 않기 위해 최선을 다했습니다. 무엇보다 두 사람 다 절망적인 상황에서도 무너지지 않고 어떻게든 일어서기 위해 노력하는 사람들입니다.

모를 것 같지만 아이들은 다 압니다. 아이들은 제 부모가 인생을 헤쳐 나가는 모습을 눈으로 보고 마음으로 느낍니다. 바른 아이로 키우고 싶다면 아이에게 잔소리를 하는 것이 아니라 내가 바르게 사는 모습을 보여 주고, 행복한 아이로 키우고 싶다면 내가 행복하게 사는 모습을 보여 줘야 하는 이유가 여기에 있겠지요.

당차던 민경 씨는 초등학교에 입학하기 전, 오빠와 같은 학교에 다니지 않겠다고 선언했습니다. 부모님은 갈등했습니다. 보통의 부모님이었다면, 게다가 오빠가 장애인이라면 "네가 오빠와 같은 학교에 가서 오빠를 돌봐 줘야지!"라고 했을 법도 합니다. 그런데 부모님은 민경 씨에게도 자신의 인생이 있다는 생각이 들었다고 합니다.

민경 씨가 오빠의 그늘에서 살지 않기를 바랐습니다. 오빠의 보호자 노릇을 하기에 민경 씨는 너무 어렸습니다. 그래서 민경 씨는 오빠가 다니는 학교와는 다른 초등학교에 입학하게 됐습니다.

집에서 민경 씨는 장애인 오빠의 여동생이지만, 학교에서는 어떤 선입견도 없이 그저 차민경이라는 학생으로 지낼 수 있었습니다. 민경 씨의 인생을 오롯이 그 자신의 것으로 인정해 주는 부모님 덕분에 민경 씨에게 오빠는 큰 부담이 아니었습니다. 바로 그런 이유로 민경 씨는 구김살 없이 자랄 수 있었던 게 아닌가 싶습니다. 자발적으로 다른 장애인 학생의 도우미가 되어 줄 수도 있었습니다.

민경 씨에게 오빠는 장애인이 아닙니다. 그냥 우리 오빠입니

+ + + +

다. 우리 오빠는 남들과 좀 다릅니다. 그렇다고 오빠가 오빠가 아닌 것은 아닙니다.

민경 씨의 추억의 한켠에는 언제나 오빠가 있습니다. 자연스러운 일입니다. 민경 씨는 압니다. 오빠가 자신을 얼마나 사랑하는지를요. 오빠는 처음 만나는 사람들에게 꼭 동생 자랑을 합니다. 나에게도 여동생이 있다고요. 민경 씨가 뭔가 먹고 싶다고 말만 하면 오빠는 벌떡 일어나서 "오빠가 사올게."라며 달려갑니다.

마음을 읽지 못하는, 마음을 표현하지 못하는 자폐성장애인이 어떻게 누군가를 사랑할 수 있을까요. 거기에 대해서 올리버 색스는 이렇게 썼습니다.

나는 자폐증 화가 제시 파크를 찾아갔을 때 딸에게 엄청난 애정을 표현하는 부모님을 보고 가슴 뭉클한 적이 있었다.

"딸을 얼마나 아끼시는지 피부로 느껴지던데 따님도 부모님을 잘 따르나요?"

내가 물었을 때 그녀의 아버지는 이렇게 대답했다.

"그 아이의 능력이 닿는 한도 내에서 최선을 다해 우리를 사랑하고 있을 겁니다."

— 올리버 색스, 《화성의 인류학자》 중에서

승훈 씨도 마찬가지일 겁니다. 자신의 능력이 닿는 한도 내에

서는 최선을 다해 사랑하고 있을 겁니다. 그것을 동생 민경 씨도
느낍니다.

　　이제 성인이 된 이들은 각자 자신의 삶을 살아가느라 조금씩
멀어지겠지만, 종종 서로와 함께 했던 추억을 떠올릴 것입니다. 자
주 얼굴을 볼 수 없어도 둘 사이에는 서로를 걱정하는 마음, 응원
하는 마음이 언제나 깔려 있습니다.
　　세상 누구도 모르는 것을 둘은 공유합니다. 두 사람은 서로가
어떻게 이런 사람으로 자랐는지를 속속들이 아는, 서로의 삶의 증
인들입니다. 그런 것이 형제이니까요.

민경이가 원하는 건
다해줄 수 있어요.

힘들던
고교 시절

　힘들지 않은 시절을 꼽기도 힘들지만, 승훈 씨의 고교 시절은 유난히도 힘들었습니다. 중학교 졸업을 앞둔 승훈 씨는 도우미 친구인 민주 씨가 여고에 입학하게 되자 자기도 같이 여고에 가겠다고 떼를 썼습니다. 하지만 그건 안 될 일이었죠.

　승훈 씨는 남자 고등학교에 입학해야 했습니다. 가뜩이나 일반 학교 적응이 어려운 승훈 씨인데 거친 남학생들이 모인 남고에서 제대로 생활할 수 있을지, 엄마도 걱정이었습니다.

　걱정은 현실이 되었습니다. 짓궂은 장난을 치며 노는 것이 일상이던 남학생들은 승훈 씨에게도 똑같이 대했습니다. 문제는 승훈 씨가 장난의 의미를 이해하지 못한다는 겁니다. 자폐성장애인들은 일관성을 추구합니다. 환경이 바뀌거나 정해진 대로 일이 진행되지 않으면 당황하고 스트레스를 받습니다. 폭력적으로 변하거나 자해를 하는 등의 발작을 일으킬 수도 있습니다.

친구들은 물건이 없어지면 승훈 씨가 흥분한다는 것을 알고 일부러 쉬는 시간에 승훈 씨의 물건을 다른 친구의 책상 위에 올려두는 장난을 치곤 했습니다. 그러면 사라진 물건을 찾던 승훈 씨가 그 물건을 발견하고는 흥분해서 친구를 마구 때렸지요. 맞은 친구로서는 아닌 밤중에 날벼락이었을 겁니다.

하루는 아침부터 학교에서 전화가 왔습니다. 승훈 씨가 친구와 싸워 많이 다쳤다는 겁니다. 엄마가 학교로 달려가 보니 온통 피투성이에 퉁퉁 부은 승훈 씨가 양호실에 누워 있었습니다.

엄마는 놀란 마음을 추스르고 승훈 씨를 때린 친구를 만났습니다. 가정환경이 좋지 않고 폭력성이 강한 친구라고 했습니다. 이번이 처음도 아니었습니다. 친구는 엄마를 보자마자 고개를 푹 숙인 채로 잘못했다고 했습니다. 순간적으로 화를 참지 못해 그랬다는 겁니다.

화난 마음, 놀란 마음, 서글픈 마음을 누르고 엄마는 괜찮다고 말했습니다. 승훈 씨는 이 세계에 적응해야 했습니다. 장애로 인해 생긴 일이지만 비장애인들에게 무조건 배려해달라고, 이해하라고

출처_ KBS2 〈감성다큐 미지수〉

요구할 수는 없는 노릇이었습니다. 잘잘못을 하나하나 다 따진다면 승훈 씨가 설 자리는 없었습니다.

우리는 모두 다 부족하고 못난 사람들입니다. 그 안에서는 이런 일도 저런 일도 일어날 수 있습니다. 엄마는 이런 것도 받아들여야 한다고 생각했습니다. 때린 친구가 진심으로 뉘우치고 사과했기 때문에 엄마는 괜찮다고 말한 뒤 치료비를 한 푼도 받지 않았습니다.

하지만 정말로 용서할 수 없는 것은 교묘하게 승훈 씨를 괴롭히는 몇몇 아이들이었습니다. 승훈 씨의 물건을 훔쳐 다른 친구의 책상 위에 올려놓고 시침을 떼던 친구는, 사실 반에서 가장 공부를 잘하던 학생이었습니다. 엄마는 그 아이가 불쌍한 아이라고 했습니다.

착하게 살아야 한다고, 남의 눈에 눈물 나게 하면 내 눈에는 피눈물 난다고, 사람이 그러는 게 아니라고, 그런 말들을 그 시절 사람들이 다들 그랬던 것처럼 귀에 딱지가 앉도록 듣고 자란 엄마는 나중에 그런 아이가 사회로 나가 중요한 자리를 차지하게 됐을 때 벌어질 일들을 생각하면 아찔해진다고 말했습니다.

친구들의 놀림, 장난, 싸움, 거친 분위기는 승훈 씨를 극심한 스트레스 상태로 몰고 갔습니다. 승훈 씨는 매일같이 집에 와서는 같은 말을 수백 번, 수천 번씩 반복했습니다. 그것으로도 모자라서 자기 뺨을 마구 때리며 자해를 했습니다. 자폐성장애인들이 이렇게 강박적인 행동이나 자해 행동을 하는 이유는 이런 자극을 통해 불안한 감각이 안정된다고 느끼기 때문입니다.

너무 때려서 뺨이 터질 것처럼 붉어지면 엄마는 승훈 씨의 두 손을 꼭 잡고 타일렀습니다.

"승훈아, 하지 마. 이렇게 때리면 엄마 가슴이 너무 아파."

하지만 엄마가 방을 나가면 다시 자해가 계속됐습니다. 엄마는 수십 번이고 수백 번이고 타일렀습니다. 엄마 가슴이 너무 아프다고요.

도저히 견디기 힘든 날들이었습니다. 괜히 내 욕심에 일반학교에 보낸 건 아닌지 엄마는 후회도 되고 불안하기도 했을 겁니다. 엄마는 선생님께 부탁을 드렸습니다.

"선생님. 승훈이를 도와 줄 착한 친구가 없을까요?"

그리고 엄마와 승훈 씨는 인생의 세 번째 인연을 만납니다. 바로 서재홍이라는 친구입니다.

내 친구
재홍이

고등학교에 입학한 첫 날에 재홍 씨는 복도에서 승훈 씨를 마주쳤다고 합니다. 그때 승훈 씨는 재홍 씨를 보자마자 반갑게 웃으며 "안녕" 하고 인사를 하더랍니다. 재홍 씨는 그게 좋아서 첫날부터 승훈 씨 옆에 앉았습니다. 뭐가 좋은지는 모르겠는데, 그냥 이상하게 좋았습니다. 그렇게 둘의 인연은 시작됐습니다.

하지만 승훈 씨의 고교 생활은 순탄치 않았습니다. 남자고등학교인지라 아이들은 짓궂고 거칠었습니다. 놀림과 괴롭힘의 연속이었습니다. 선생님은 걱정하는 승훈 씨 엄마에게 재홍 씨를 소개해 주었습니다. 재홍 씨는 그때부터 공식적으로 승훈 씨의 도우미가 되었습니다. 고등학교 3년 내내 말이죠.

재홍 씨는 공부도 잘하던 모범생 반장이었고, 심지어 재홍 씨의 엄마는 학원 원장선생님이었습니다. 고맙기도 하고 미안하기도 해서 승훈 씨 엄마는 학년이 바뀔 때마다 재홍 씨에게 네가 싫으면 도우미를 하지 않아도 된다고 말했습니다. 하지만 재홍 씨는 괜찮다고, 제가 좋아서 하는 일이라고 답했습니다. 재홍 씨의 엄마 역시 승훈 씨 엄마와 통화를 하며 걱정하지 않으셔도 된다고, 아들에게도 너무 잘된 일이라고 말해 주었습니다.

그때 승훈 씨 반에는 한 학년을 꿇은, 이른바 복학생 형이 한 명 있었습니다. 덩치도 크고 운동까지 해서 누구도 못 건드리는 형이었죠. 그런데 그 형이 재미로 승훈 씨를 괴롭히기 시작했습니다. 처음에는 물건으로 하던 장난이 신체적인 장난으로 발전했습니다. 그럴 때마다 승훈 씨는 힘들어했지만 누구도 복학생 형을 제지할 수가 없었습니다. 재홍 씨도 차마 말은 못하고 지켜만 보고 있었죠.

그런데 하루는 그 형이 교실로 들어오던 승훈 씨의 무릎을 걸어 넘어뜨렸습니다. 승훈 씨가 넘어지자 맨 앞자리에 앉아 있던 재홍 씨는 자기도 모르게 벌떡 일어섰습니다. 그리고 소리를 질렀습니다.

"형, 승훈이 좀 그만 괴롭히세요!!!"

아차, 했을 때는 이미 늦었습니다. 갑자기 교실 안이 찬 물을 끼얹은 듯 조용해지면서 일제히 시선이 둘에게로 쏠렸습니다.

화가 머리끝까지 난 형은 재홍 씨의 멱살을 잡고는 교실 밖으로 끌어내려 했습니다. 어찌나 다리가 후들거리던지 재홍 씨는 똑바로 서있기조차 힘들 지경이었습니다. 바로 그때, 다행인지 불행인지 수업종이 울리고 무서운 한문 선생님이 교실로 들어왔습니다.

두 사람을 본 선생님은 재홍 씨를 자리에 앉게 하고 복학생 형에게 한 시간 동안 엎드려뻗쳐로 벌을 주었죠. 그 한 시간 내내 재홍 씨는 제정신이 아니었습니다. 수업 내용이 하나도 머리에 들어오지 않고 손이 벌벌 떨릴 정도였지요.

쉬는 시간이 되자 일어난 형은 재홍 씨에게 교실 밖으로 나오라고 했습니다. 재홍 씨는 애써 아무렇지 않은 척하며 형을 따라 나섰지만 앞으로 벌어질 일을 생각하니 숨이 막히는 것만 같았습니다.

그런데 뜻밖에도 형은 화가 좀 누그러진 듯 보였습니다. 밖으로 나온 재홍 씨에게 형은 한 시간 동안 벌을 서며 생각해 보니 자기가 잘못하긴 한 것 같다고 했습니다. 하지만 재홍 씨가 다른 애들 앞에서 망신을 준 것은 기분이 나빴다는 겁니다. 그래서 재홍 씨도 말했습니다.

"네, 형. 그건 저도 잘못한 것 같아요. 그런데 승훈이에게는 장

✗ ✗ ✗

애가 있으니 앞으로 다른 아이들이 승훈이를 괴롭히지 못하도록 형이 도와 주시면 안 될까요?"

그 후 1년 동안 아이들은 승훈 씨를 괴롭히지 못했다고 합니다.

고교 시절 재홍 씨는 승훈 씨의 도우미를 한 대가로 상점을 받았습니다. 그때는 괜한 자존심에 그게 기분 나빴습니다. 점수나 좀 따려고 승훈 씨를 도와 준 것처럼 보이는게 싫었기 때문입니다. 또, 그런 것을 점수로 매긴다는 것이 마음에 들지도 않았다고 했습니다. 승훈 씨는 그저 친구였을 뿐, 점수를 따기 위해 돕는 대상이 아니었다는 겁니다.

약자를 도울 줄 알면서도 그 대가를 바라지 않는 올곧은 심성, 그것은 아마도 공부 잘하는 아들이 3년 내내 장애인 친구를 돕는다고 해도 뭐가 문제냐며 적극적으로 지지하고 믿어 주신 부모님 덕분이었을 겁니다. 재홍 씨의 부모님은 아마 세상 사는 데 정말로 중요한 것이 무엇인지를 제대로 아는 분들이셨을 겁니다.

재홍 씨를 보면 그저 승훈 씨의 주변인이라는 느낌에서 벗어나, 이런 청년이 좋은 어른으로 자랄 수 있는 세상이 되었으면 좋겠다 싶습니다. 이렇게 멋진 친구가 있다니, 승훈 씨가 부러워지기도 합니다.

아빠가
되는 법

장애아가 있는 가정인 경우, 다 그런 것은 아니지만 아이의 장애 때문에 가정이 깨어지는 일도 적지 않습니다. 엄마는 아이를 끌어안고 아이보다 하루만 더 살 수 있기를, 또는 아이와 한날한시에 눈을 감을 수 있기를 바랍니다. 아빠 역시 아이의 뒷바라지를 하느라 엉망이 된 가정에 마음을 붙이지 못합니다.

장애아를 키운다는 것은 끝도 보이지 않는 터널 속을 헤매는 일이나 같습니다. 이 길을 같이 걷는 사이에 미움이, 불화가 싹트지 않는다는 것이 더 이상한 일일지도 모릅니다. 형제들은 이런 집이 싫어서 혹은 충분한 애정을 받지 못해서 밖으로 나돌다가 탈선하거나 마음에 큰 상처를 입고 살아가기도 합니다.

아빠의 청춘은 이 가혹한 운명을 받아들이기 위한
고통스러운 여정이었습니다.

승훈 씨네 가족은 다행히 그리 되지 않았습니다. 물론 힘든 시절도 있었습니다. 젊은 아빠는 세상과 소통하지 못하고 혼자 날뛰는 승훈 씨를 받아들이기 쉽지 않았습니다. 그 시절 아빠는 아들의 장애를 노력하면 고칠 수 있는 일종의 병이라 생각했는지도 모릅니다.

아들이 자폐성장애 판정을 받자 아빠는 운명을 원망했습니다. 젊은 나에게, 누구에게 해 한 번 끼친 적 없는 나에게 왜 이런 일이 생겼는지 이해할 수가 없었습니다. 그 이후로 아빠의 청춘은 이 가혹한 운명을 받아들이기 위한 고통스러운 여정이었습니다.

한번은 승훈 씨가 경기를 일으켜 입원을 한 적이 있었습니다. 그때 아빠는 승훈 씨의 뇌파 검사 결과를 보고 깜짝 놀랐습니다. 정상인의 뇌파가 거의 평행선을 그린다면 승훈 씨의 뇌파는 미친 듯이 요동을 치고 있었기 때문이지요. 그제야 아빠는 승훈 씨의 상태를 이해할 수 있었다고 합니다.

아, 승훈이는 다르구나. 승훈이도 힘들겠구나. 승훈이가 저러고 싶어 저러는 게 아니었구나.

마음으로는 잘 와닿지 않던 것이 오히려 머리로는 받아들여지더라는 겁니다. 그것이 남자들이 어떤 것을 이해하는 방식이겠지요.

요즘 아빠와 승훈 씨는 매주 목요일마다 퇴근 후에 만납니다. 카페 일을 마친 승훈 씨가 아빠의 직장으로 찾아갑니다. 아빠는 아들을 기다렸다가 함께 이발을 하기도 하고, 아들이 좋아하는 맛있는 음식을 먹으러 가기도 합니다.

승훈 씨는 말합니다.

"아빠가 옛날에는 화를 많이 냈어요. 근데 지금은 좋은 아빠가 됐어요."

✛ ✛ ✛

승훈 씨는 아들이지만 동시에
친구라고도 합니다.
아빠는 이제야 비로소,
어른이 된 것 같다고 합니다.

가장의 무거운 책임감은 젊고 똑똑하고 의욕이 넘치던 아빠를 화만 내는 무서운 아빠로 만들었을 겁니다. 감정을 어떤 식으로 표현하는지 배운 적이 없는 자존심 강한 남자에게 아들에 대한 걱정과 미안함과 불안감, 가족에 대한 책임감은 목을 죄어왔을 겁니다. 아빠는 모든 것을 새로 배워야만 했습니다. 그래서 지금 아빠는 말합니다.

"저는 승훈이와 함께 자랐어요."

그래서 아빠는 승훈 씨는 아들이지만 동시에 친구라고도 합니다. 아빠는 이제야 비로소, 어른이 된 것 같다고 합니다.

선생님은
사장님

승훈 씨는 주 4일, 영등포역 근처의 한 피자가게에서 피자박스 접는 일을 합니다. 꼼짝도 않고 앉아서 한 번에 수백 개의 박스를 연달아 접어내는 모습을 보면 거의 달인 수준입니다. 모서리의 각진 부분이 한 치의 오차도 없이 딱딱 들어맞는 것도 신기합니다. 정확한 것, 딱 들어맞는 것에 집착하는 자폐성장애의 특성이 발휘된 결과입니다.

승훈 씨가 이 일을 시작한 건 고등학생 때입니다. 사실 피자가게의 사장님은 승훈 씨가 다녔던 유치원의 원장이던 김은실 선생님입니다. 집안 사정으로 유치원을 그만 둔 선생님은 몇 년 후 피자가게를 열었습니다. 어느 정도 운영이 안정되자 선생님은 고등학생이 된 승훈 씨를 불렀지요. 승훈 씨가 여기 와서 피자박스 접는 일을 하면 좋겠다고요.

물론 처음부터 잘 될 리가 없습니다. 승훈 씨는 단 한 개의 박스도 제대로 접지 못했습니다. 왜 박스를 접어야 하는지도 모르던 승훈 씨였습니다. 하나도 채 접지 못하고 자리에서 일어나고 밖으로 달려 나가 소리를 지르고 춤을 추며 이상한 행동을 하던 승훈 씨 때문에 선생님 속도 까맣게 탔다고 합니다. 도대체 왜 저 애가 나에게 와서 이렇게 힘들어야 하는지 묻고 또 묻던 시절이었다고 합니다.

그럴수록 마음을 다잡고 선생님은 하나씩, 하나씩 가르쳤습니다. 타일러 가며 칭찬해 가며 박스 접는 법을 가르쳤습니다. 그렇게 6개월이라는 시간이 지나 승훈 씨는 지금처럼 피자박스 접기의 달인이 됐습니다. 평범한 젊은이라면 잠깐 앉아서 몇 개만 접어도 익숙해질 것을, 승훈 씨에게는 이토록 오랜 시간이 걸린 겁니다.

오랜 시간이 걸린 만큼 승훈 씨가 접은 박스는 언제나 정확한 모양입니다. 7년을 계속해온 일인데 대충하는 법도 없고 지겨워하지도 않습니다. 그러는 동안 피자가게를 찾던 동네 사람들은 승훈 씨가 선생님의 아들인 줄로만 알았다고 합니다. 저런 아이를 데려다 일까지 시킬 수 있는 것이 아들이 아니고서야 가능하겠느냐고 생각했던 겁니다. 자초지종이 한 방송사의 프로그램을 통해 방영

승훈아, 조심조심
천천히 하자.

매주 3일, 바리스타 일을 마치면
승훈 씨는 피자가게 문을 열고 들어옵니다.

된 후에야 손님들은 선생님에게 대단하다고, 훌륭하다고 알은 체를 했습니다.

아직도 스승의 날이면 승훈 씨는 선생님, 아니 사장님에게 편지를 씁니다. 승훈 씨에게 사장님은 여전히 선생님이기 때문입니다. 그 편지를 받고 사장님은 눈물을 흘렸다고 합니다. 좋기도 하고 고맙기도 하고 뿌듯하기도 했지만, 이렇게 천사 같은 아이 앞에 펼쳐질 험난한 날들이 걱정되어서입니다.

물론 지금 승훈 씨는 잘해 나가고 있습니다. 좋아하는 바리스타 일을 해서 돈도 벌고 친구도 사귀며 나름대로 즐겁게 지내고 있습니다. 하지만 이런 삶이 언제까지 지속될 수 있을까요? 혹시라도 바리스타 일을 더 이상 못하게 될 때 승훈 씨가 일할 곳이 있을까요? 승훈 씨의 장애를 이해해 주고 부모처럼, 선생님처럼, 친구처럼 승훈 씨를 편안하게 이끌어 줄 수 있는 좋은 일터가 과연 우리나라에 몇 군데나 될까요? 승훈 씨가 사회생활을 하지 못하고 집에만 있으면 돌봐야 하는 가족들은 얼마나 힘이 들까요? 평범한 청년들도 밥벌이하며 살아가는 게 녹록치 않은 세상입니다. 하물며 장애가 있는 승훈 씨야 더 말할 것도 없겠지요.

그러나 선생님은 처음 유치원에 엄마 손을 잡고 들어오던 승훈 씨를 떠올립니다. 중증 장애아 승훈 씨를 처음 만나던 날에는 지금의 모습은 상상도 못했습니다. 민주 씨 같은 친구가, 재홍 씨 같은 친구가 생기리라고는 꿈도 못 꿨습니다. 그저 학교라도 제대로 졸업했으면 했는데, 평생 남의 도움만 받으며 살아갈 것이라 생각했던 승훈 씨가 이제 이렇게 잘 자라서 직업도 갖고 세금까지 내는 사람이 됐습니다.

그렇다면 앞으로의 일도 마찬가지 아닐까요. 꿈도 못 꿨던 기적 같은 일들이 또 일어나지 않으리란 보장이 없습니다. 지금까지 해온 것처럼 앞으로도 잘해 갈 수 있을 거라고, 좋은 사람들을 만날 수 있을 거라고, 그 작은 희망을 붙잡고 가는 겁니다. 사실 모든 인생은 그렇게 가느다란 희망 하나 믿고 묵묵히 걸어 나가는 것이지요.

젊은 때는 선생님도 미처 몰랐다고 합니다. 힘들 때면 왜 나에게 이런 일이 일어났을까 원망도 하고 고민도 했습니다. 이제 나이가 든 선생님은 말합니다. 어떤 상황에서도 배울 것은 있다고요. 사람의 그릇이라는 것은 처음부터 그 크기와 깊이가 정해진 것이 아니라고요. 인생의 이런 저런 고비에서 예상치 못한 만남을 통해 다양한 사람들, 그리고 다양한 세계를 접하면서 그 그릇은 넓어진다고요. 그리고 우리의 그릇이 더 크고 깊을수록 인생은 더 풍요로워지고 또 단단해지는 것이라고요.

재작년 크리스마스 이브. 장애인복지관 카페에서 하루 종일 일

초등학교 입학식,
원장 선생님이
와주셨어요.

+ + + +

선생님 사랑해요!

하고 돌아온 승훈 씨는 그날따라 무척 피곤해 보였습니다. 가뜩이나 대목이라 피자집도 눈 코 뜰 새 없이 바빴습니다. 아무래도 승훈 씨가 오늘 그 많은 피자박스를 다 접을 수는 없을 것 같더랍니다. 평소 승훈 씨도 너무 힘들면 하기 싫다고 말하기도 했습니다.

선생님은 승훈 씨에게 이렇게 물었습니다.

"승훈아, 오늘은 손님이 너무 많아서 박스를 이만큼 접어야 해. 그런데 네가 오늘 너무 피곤해 보여서 다 접기는 힘들 것 같아. 그러면 조금만 접어도 돼. 어떻게 할래?"

그러자 승훈 씨가 답했습니다.

"아니에요. 다 접을 수 있어요. 선생님 바쁘니까 승훈이가 다 접을 거예요."

그날 승훈 씨는 기어이 300개의 박스를 다 접었습니다.

타인을 배려할 수 없는 자폐성장애인 승훈 씨가 이제는 배려할 수 있는 사람이 된 것입니다. 어떻게 이런 일이 가능했을까요? 그건 아마 사랑이 아닐까 합니다. 선생님이, 사장님이 지금껏 승훈 씨에게 베푼 끝도 없는 사랑을 승훈 씨가 느낀 겁니다. 자폐성장애인이지만 지금 이 사람이 나를 아껴 주고 있구나, 나를 배려하고 있구나, 라는 느낌은 아는 겁니다.

그래서 선생님은 생각합니다. 정말 잘했다고요. 승훈 씨를 곁에 두기를 정말 잘했다고요. 승훈 씨는 내게 축복 같은 존재라고요. 그렇게 말입니다.

그렇게 우리는
부모가 된다

　젊은 부부는 첫 아기를 낳았습니다. 엄마를 쏙 빼닮아 너무 예쁜 아기였습니다. 두 사람은 아기에게 승훈이라는 이름을 붙여 주었습니다.

　아기에게 무슨 문제가 있을 거라고는 상상조차 해본 적 없습니다. 첫 아기라 뭐가 정상이고 뭐가 이상인지도 몰랐습니다. 무려 5년이 지나서야 두 사람은 아들에게 자폐성장애가 있다는 사실을 알게 됩니다. 자폐가 뭔지도 제대로 모를 시절에요.

　그 후로는 암흑 속을 헤매고 진창에 빠지고 산을 오르고 미끄러지고 파도를 헤치고 무인도에 표류하고 또 다시 파도를 헤치며 나아가는 일의 연속이었습니다. 어쩌면 모든 것을 포기할 수도 있었을 겁니다. 가족이 뿔뿔이 흩어질 수도 있었을 겁니다. 지금의 승훈 씨도, 지금의 엄마도, 지금의 아빠도, 지금의 민경 씨도 없었을지 모릅니다.

힘들던 시절, 아빠와 엄마는 수없이 다투었습니다. 그들의 가족 사진 중에는 아빠와 엄마가 싸우고 있는 장면을 포착한 사진도 있습니다. 동생 민경 씨는 어린 시절 부모님 앞에서 그 사진을 흔들며 "엄마, 아빠, 이것 좀 보세요. 이렇게 싸우면 우리 가족이 어떻게 되겠어요?" 하고 훈계했던 기억이 난다고 합니다.

자, 다같이 치즈~

그런데 지금 이 부부를 보면 그들이 어떻게 함께 이 험난한 세월을 이겨낼 수 있었는지, 끝끝내 서로의 손을 놓지 않았는지를 알 수 있을 것 같습니다. 동갑내기 부부는 아직도 서로에게 존댓말을 합니다. 엄마가 승훈 씨를 챙기느라 정신이 없던 때에 아빠는 동생 민경 씨를 맡았습니다.

가벼운 짐을 드는 것은 쉽습니다. 누구 한 사람이 들어도 되고 나눠 들기도 편합니다. 그러나 짐은 점점 무거워지기 마련입니다. 때로는 승훈 씨네처럼 도저히 질 수가 없을 정도로 무거워질 때도 있습니다. 그런 상황에서 서로를 바라보며 웃기란 정말로 어렵습니다.

그런데 그 시기를 기어이 함께 겪어내고 나면 두 사람 사이에는 세상 누구도 갈라놓을 수 없는 강한 끈이 생깁니다. 우리는 이 인생을 함께한 동지라는 유대감 말이지요.

사람들은 아이를 낳는 것이 두렵다고 합니다. 이 험하고 비싼 세상에서 어떻게 아이를 낳고 키울 수 있는지 무서울 뿐이라고 합니다. 아이를 낳아 기른다는 것은 결코 만만한 일이 아닙니다. 이렇게 어려운 것인 줄 알았더라면, 심지어 아이에게 장애가 있는 줄 알았더라면, 차마 시도조차 못했을 겁니다.

그런데 장애가 있는 아이를 잘 키워낸 부모들은 종종 이렇게 말합니다. 이 아이가 있어서 죽도록 힘겨웠지만, 이 아이가 없었더라면 어떻게 살았을지 모르겠다고요. 이 아이를 키우면서 많은 것을 배우고 또 많은 것을 얻었다고요. 잃은 것보다 얻은 것이 훨씬 많다고요.

승훈 씨의 아빠도, 엄마도 마찬가지입니다. 힘겨운 시간이 지나고 뒤를 돌아보니 끔찍하기만 했던 그 시절이 지금의 아빠, 엄마에게 많은 것을 주었음을 알게 됩니다. 승훈 씨가 아니었다면 아빠도, 엄마도 자신의 한계를 넘어설 수 없었을 거라고 생각합니다. 이만큼 성장한 것, 강하고 단단해진 것도 다 승훈 씨를 키워본 덕분이라고 생각합니다. 부모 노릇을 해보았기 때문이라고 생각합니다.

장애가 있는 아이건, 장애가 없는 아이건, 한 생명을 낳아서 기른다는 것은 기쁘면서도 힘겨운 일입니다. 잠을 줄여야 합니다. 아이가 먹을 것을 마련해야 합니다. 돈을 벌어야 합니다. 부지런해져야 합니다.

내게도 여전히 사는 일이 알쏭달쏭하기만 한데 시시때때로 닥치는 아이와의 갈등, 아이에 얽힌 문제들 앞에서 어른이 다 된 것처럼 제대로 된 선택을 해야 합니다. 더 좋은 사람이 되려 노력해야 합니다. 나 한 사람의 인생도 버거운 내가 아이의 인생에 미칠 영향을 깨달을 때마다 두려움에 몸이 떨립니다. 포기하고 싶어도 포기해서는 안 됩니다. 그리고 무슨 일이 있어도, 아이들이 기다리고 있을 집으로 돌아가야 합니다.

폭풍우 속을 허술한 비닐우산 하나 쓰고 걷는 것만 같던
그 길고도 긴 시절을 지났을 때 어느 순간 우리는 깨닫습니다.
'아, 내가 부모가 되었구나. 정말로 부모가 되었구나.'

그러는 동안 자신밖에 몰랐던 한 사람이 누군가를 위해 산다는 게 어떤 일인지를 알게 됩니다. 밉기만 했던 내 부모를 이해하고, 어린 시절의 상처나 열등감과 화해합니다. 폭풍우 속을 허술한 비닐우산 하나 쓰고 걷는 것만 같던 그 길고도 긴 시절을 지났을 때 어느 순간 우리는 깨닫습니다.

'아, 내가 부모가 되었구나. 정말로 부모가 되었구나.'

그리고 이런 사실도 알게 됩니다. 우리는 누구도 부모로 태어나지 않는다는 것을요. 부모는 되어가는 것이라는 사실을요.

꽃미남 승훈 씨

엄마는 승훈 씨가 장애인이지만 스스로에 대한 긍정적인 이미지를 갖기를 바랐습니다. 남들에게 자신이 어떻게 비칠지 전혀 의식하지 못하는 자폐성 장애인이기에, 잘 생기고 멋진 사람들의 사진을 보여 주며 우리 승훈이도 이렇게 멋지고 잘 생겼다고 끊임없이 말해 주었습니다.

그래서인지 이제 승훈 씨는 자신과 닮은 연예인이 누구냐고 물으면 1초도 고민하지 않고 대답합니다.

"원빈, 현빈, 공유!"

요즘은 김수현, 송중기, 유아인도 추가됐습니다. 방 안 가득 원빈, 현빈,

나도
원빈처럼 될거야.

공유, 김수현의 사진도 붙여두었습니다. 휴대폰 메신저의 프로필 사진은 아예

김수현이나 유아인 같은 꽃미남 스타들입니다. 웬만한 소녀 팬 못지않습니다.

몸짱이 될 거예요

자폐성장애인들에게는 특별한 취미나 즐거움이 없는 경우가 많다고 합니다. 그래서 나이가 들수록 먹는 즐거움에 빠지기가 쉽습니다. 맛있는 걸 먹으면 기분이 좋아지니까요.

성인 자폐성장애인들은 이 때문에 과체중이 되기 쉽습니다. 물론 건강도 나빠지겠지요. 그렇다고 스스로 자제력을 가지고 체중 관리를 하기도 힘듭니다. 사실 장애인이 아닌 보통 사람들에게도 쉽지 않은 일입니다.

승훈 씨도 몇 년 만에 체중이 부쩍 늘었습니다. 특히 바리스타 일을 하며 목이 마를 때마다 당분이 많이 든 음료수를 벌컥벌컥 마신 것이 원인이 된 것 같습니다.

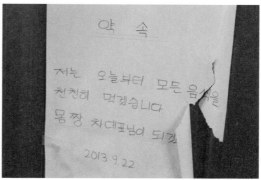

약 속

저는 오늘부터 모든 음식을
천천히 먹겠습니다
몸짱 차대표님이 되겠

2013. 9. 22

몸짱의
길은 힘들어.

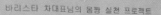

바리스타 차대표님의 몸짱 실천 프로젝트

1차(11월) 86kg   2차(12월) 86kg
3차(1월) 85kg   최종(2월)

✗ ✗ ✗

몸짱이 되는
그날까지!

엄마는 요즘 승훈 씨에게 몸짱 연예인들의 사진을 보여 주면서 먹는 것을 조절하고 운동을 열심히 하면 이렇게 멋진 몸을 가질 수 있다고 매일매일 말해 주고 있습니다.

엄마의 세뇌 교육(?) 덕인지 예전 같으면 집에 오기 전에 콜라나 핫도그, 튀김처럼 살찌기 쉬운 음식들을 잔뜩 사먹고 돌아올 텐데, 요즘 승훈 씨는 식욕도 잘 참게 됐습니다.

벽에 붙여놓은 체중 관리표에도 매일 체중을 잘 체크해 둡니다. 아빠와 함께 매일 저녁 복근운동도 합니다. 처음에는 80번 했는데 요즘은 120번까지 합니다. 규칙적인 승훈 씨는 하루라도 이 운동을 빠지면 안절부절합니다. 아빠가 피곤해서 잊고 있어도 시간이 되면 정해진 자리에 누워 운동을 시작할 준비를 합니다.

물론 승훈 씨도 스트레스를 받습니다. 어린아이 같은 마음의 승훈 씨는 먹고 싶은 것을 참고 살을 빼야 하는 이 상황을 이해할 수가 없겠지요. 그냥 두면 어떤 것도 혼자 힘으로는 할 수 없던 승훈 씨입니다. 그래서 이렇게 작은 일들조차 신경을 써주어야 합니다.

하지만 다른 일들, 사소해 보이지만 꼭 해야만 하는 수많은 일들을 익힐 때 그랬던 것처럼 지금의 힘겨움도 승훈 씨는 잘 이겨낼 겁니다. 아마 언젠가는 승훈 씨도 몸짱이 될 수 있겠지요.

04

매일매일
행복하게

화성의
인류학자

한번 생각해 보세요. 옆에 누가 있다는 느낌이 없는데 어떤 손이 불쑥 나타나 당신을 끌어안거나 만진다면요? 전화벨 소리는 귀에 대고 꽹과리를 치는 것처럼 크게 들리고, 누군가의 표정을 보아도 어떤 감정인지를 알아챌 수 없고, 기분이 롤러코스터를 타듯요동친다면 어떨까요? 자폐성장애인들이 느끼는 것이 바로 그런것입니다.

사람들은 자폐성장애인을 두려워합니다. 초점 없는 눈으로 이상한 웃음을 흘리거나 혼잣말을 중얼거리는 사람들. 무서운 사람들. 혹시 그들이 공격이나 하지나 않을까 겁이 나기도 합니다. 실제로 자폐성장애인 중에는 침을 뱉거나 폭력적인 행동을 하는 사람들도 있습니다. 승훈 씨의 자폐성장애는 다행히 공격성이 강한 유형은 아니었지만, 승훈 씨도 때로는 친구들을 때린 적이 있었습니다. 위협을 느끼거나 화가 났기 때문입니다.

그러나 엄마를 비롯한 승훈 씨의 주변 사람들, 그리고 장애인을 돕는 일을 하는 사람들은 모두 입을 모아 말합니다. 그들은 결코 두렵거나 이상한 존재가 아니라고요. 알고 나면 그들은 우리 같은 사람일 뿐이라고요.

인간의 뇌는 수백만 개의 신경세포로 이루어져 있습니다. 이 신경세포 하나하나에는 뇌의 기능을 결정하고 방향을 찾아내는 안내도 같은 것이 들어 있습니다. 각각의 신경세포들은 이 안내도에 따라 다른 신경세포들과 정보를 주고받으면서 뇌 속의 질서를 만들어냅니다. 그런데 이 안내도가 유전적 요인이나 자궁 내의 외부 영향력 등에 의해 뒤엉키게 되면 혼란이 일어납니다. 자폐성장애는 이로 인해 생긴다고 합니다.

신경세포에 문제가 생기면 '자폐증'적 증상으로 나타날 수 있다. 그리고 자폐증은 '수두'와는 다르게 외부로 나타나는 유형이 정해져 있지 않다. 이러한 자폐아들에게 사회적 상호작용은 어려운 일이 될 수 있다. 그들의 뇌 속에서 정보는 표준과는 다른 통로로 지나가기 때문에 세상은 '혼돈'의 양상으로 나타날 수 있다. 이러한 혼돈 때문에, 자폐아는 자꾸 자신의 내부로만 파들어 가고 다른 사람들과의 접촉을 피하게 된다. 자폐아들의 강박적이고 반복적인 행동은 사실은, 이런 행동이 그들로서는 세상을 그들에게 더 편안하고 이해할 수 있는 질서로 집어넣기 위한 접근 방식일지도 모른다.

- 주디 카라시크, 폴 카라시크, 《함께 살아가기》 중에서

이 말처럼 자폐성장애인들의 뇌 속에서 정보는 비장애인들과는 다른 통로로 지나갑니다. 그래서 세상은 이들에게 혼란스럽기만 합니다.

자폐성장애인들은 보기처럼 이상한 사람들이 아닙니다. 반대로 생각해 보면 그들에게 세상이 너무나 이상한 것입니다. 이 이상한 세상에서 자신을 보호하기 위해 자폐성장애인들은 이상해 보이는 행동을 합니다. 발작을 일으키거나 자해를 하거나 공격성을 보이는 것도 상황을 통제해 보려는 나름의 노력인 것이죠.

자폐성장애를 딛고 유명한 동물학자가 된 템플 그랜딘은 가끔은 자신이 화성의 인류학자가 된 기분이라고 고백했습니다. 아무리 오래 살아도, 자폐성장애를 상당 부분 극복해도 평범한 사람들이 살아가는 방식, 교감하고 소통하는 방식이 그녀에게는 여전히 풀 수 없는 수수께끼 같기 때문입니다. 이 사회에서 살아가기 위해

지켜야 하는 규칙들을 배워서 따르기는 하지만, 마음 깊은 곳에서부터 이해하거나 받아들이고 있지는 못하기 때문입니다.

승훈 씨 역시 마찬가지일 겁니다. 승훈 씨에게 이 세상은 아무리 살아도 이해되지 않는 이상한 곳입니다. 그러나 승훈 씨는 이 이상한 세상에 적응하기 위해 매순간 노력하고 있습니다.

그러니 아주 잠깐이라도 그의 눈으로 세상을 바라보는 건 어떨까요? 화성에 떨어진 일곱 살 아이가 된 기분으로 모든 걸 바라보는 시간을 가져보는 건 어떨까요?

그렇게 하면 어딘가에서 승훈 씨 같은 사람들을 보았을 때 전보다 조금은 부드러운 시선으로 그들을 바라볼 수 있게 될지도 모릅니다. 나와 다른 존재를 받아들이고, 또 이해할 수 있게 될지도 모릅니다. 그러면서 우리 역시 조금 더 부드러운, 그리고 넓은 마음을 가진 사람이 될 수 있을지도 모릅니다.

조금 다를
뿐이에요

오래 전 어느 날, 엄마는 심부름 가는 승훈 씨 뒤를 몰래 쫓아 가본 적이 있었습니다. 승훈 씨가 어떻게 심부름을 가는지 궁금해서였지요.

언덕길을 내려가던 중에 예닐곱 살 된 꼬마들이 모여 놀고 있는 것이 보였습니다. 그 아이들은 승훈 씨를 발견하더니 벌떡 일어나 "야, 바보다! 바보 왔다!"라고 소리를 지르며 놀려대기 시작했습니다. 한두 번 있는 일도 아닌 것 같았습니다. 그 광경을 본 엄마는 그만 그 자리에서 주저앉고 말았습니다.

그때 엄마는 세상 속에서 승훈 씨가 어떤 존재인지를 깨달았을 것입니다. 엄마에게 승훈 씨는 장애가 있건 없건 목숨보다 더 소중한 아들이지만, 승훈 씨를 모르는 대다수의 사람들에게 승훈 씨는 어딘지 이상한 사람, 바보, 모자란 장애인일 뿐이었습니다.

　　오래 전 엄마가 살던 동네에 강수라는 아이가 있었습니다. 지금 생각해 보면 지적장애가 있는 아이였던 듯합니다. 짓궂은 남자 아이들은 늘 강수를 쫓아다니면서 바보, 병신이라고 놀렸습니다. 돌을 던지기도 했습니다.

　　그럴 때면 강수 엄마가 뛰어나와 소리를 지르며 놀리는 아이들을 쫓아냈습니다. 아이들은 도망갔다가도 다음에 강수를 보면 또 놀렸습니다. 어린 엄마는 멀찍이 떨어져 그 모습을 지켜보고 있었습니다.

　　이제 엄마는 압니다. 자신이 바로 그 '강수 엄마'가 되었다는 것을요.

　　우리는 모릅니다. 남들과 다른 아이의 손을 잡고 걸을 때 쏟아지는 따가운 시선을요. 심지어 그들은 생각 없는 말들로 아픈 가슴에 다시 한 번 더 비수를 꽂기도 합니다. 알 수가 없습니다. 내가 낳은 사랑하는 내 아이가 평생 이 장애를 짊어지고 살아야 한다는 것, 그리고 이 고통이 죽을 때까지 끝나지 않을 것이라는 현실이 사람을 얼마나 막막하게 만드는지도요.

　　그 후에도 승훈 씨는 종종 밖에서 놀림을 당하고 왔습니다. 바

문방구 쇼핑은
언제나 즐거워.

✕ ✕ ✕

보라고요, 장애인이라고요. 자기가 당한 일을 제대로 표현할 줄 모르는 승훈 씨이기에 아마 엄마에게 말 못한 일이 더 많았을 겁니다. 그럴 때마다 엄마는 가슴이 미어집니다. 그럼에도 엄마는 무너져 내리려는 가슴을 추스르고 이렇게 말해 줍니다.

"맞아. 너는 장애인이야. 하지만 장애인은 나쁜 게 아니야. 조금 다를 뿐이야."

그래서 이제 승훈 씨는 누구에게나 당당하게 말합니다.

"승훈이는 장애인이에요. 발달장애. 장애인은 나쁜 거 아니에요."

또 다른 장애인 친구들에 대해서는 이렇게 말하기도 합니다.

"저 친구는 장애인이에요. 배려해 줘야 돼요."

꼭 장애가 아니더라도 내 아이가 남과 다름을 받아들이는 것이 쉬운 일은 아닙니다. 어떤 부모라도 내 아이가 세상에 나가 무시당하지 않고 당당하게, 남들로부터 사랑받으면서 살아갈 수 있기를 바랍니다.

그러나 모든 사람에게는 제각기 다른 개성이 있습니다. 어떤 사람은 조용하고 어떤 사람은 쾌활합니다. 어떤 사람은 감정이 풍부하고 어떤 사람은 차분합니다. 어떤 사람은 적극적이고 어떤 사람은 소극적입니다. 어떤 사람은 무디고 어떤 사람은 예민하지요.

이렇게 우리는 모두 달라서 세상이 아름다워지는 게 아닐까요.

조금 예민하다면 예민하기에 더 잘하는 일이 있습니다. 수줍음을 많이 타는 사람에게는 남들에게 보이지 않은 자신만의 세계가 있을 겁니다. 쾌활한 사람은 감정 표현을 잘하는 것이고, 무딘 사람은 어딜 가서도 마음 편히 지낼 수 있습니다.

우리 모두가 생긴 대로, 태어난 대로 살 수 있다면 불필요한 열등감에 사로잡힐 필요가 없을 겁니다. 무엇보다 나를 낳아 준 부모가 있는 그대로의 나를 인정하고 지지해 주고 있다는 것은 세상을 살아가는 데 가장 큰 힘이 되지 않던가요. 나를 낳아 준 부모조차 있는 그대로의 나를 못마땅하게 여긴다면 그것이야말로 가장 큰 상처가 아닐까요.

엄마는 승훈 씨가 장애인이라는 사실을 있는 그대로 인정합니다. 세상 속에서 평범한 사람들과 어울려 살기 위해 수없이 많은 노력을 기울이고 또 도움을 받아야 한다는 사실을 잘 압니다. 앞으로도 겪어야 할 난관이 많기에 걱정도 됩니다.

그렇다고 해도 여전히 엄마에게 승훈 씨는 사랑하는 아들입니다. 그저 남들과 조금 다를 뿐입니다. 그리고 엄마가 사람들에게 원하는 것도 승훈 씨를 특별대우해 주는 것이 아니라, 그저 우리와 조금 다를 뿐이라 여겨 주는 것입니다.

우정은
어떻게 만드는 건가요

　사람들은 가끔 숫자로 우정을 가늠합니다. 친구가 몇 명인지가 중요합니다. 일 주일에 몇 번을 만나는지도 중요합니다. 돈을 얼마나 쓰는지도 때로는 중요합니다. 말이 통해야만 친구라고 생각하기도 하고, 취향이라든지 살아온 환경 같은 것을 따지기도 합니다.

　그런데 승훈 씨의 친구 민주 씨와 재홍 씨는 조금 다른 것 같습니다. 이 친구들은 승훈 씨를 진짜 친구라고 생각합니다. 어떻게 그럴 수 있을까, 하는 짓궂은 마음이 듭니다. 7살 지능의 자폐성장애인 승훈 씨와 비장애인인 그들 사이에 어떤 교감이 있기에 우정을 쌓을 수 있는 걸까, 다들 제 삶 사느라 바쁜데 승훈 씨까지 챙길 여력이 어디 있을까.

요즘도 만날 때면 승훈 씨와 내내 손을 잡고 있는 재홍 씨는 서슴없이 말합니다.

"저는 승훈이와 고등학교 시절을 생각하면요, 그냥 행복해요."

재홍 씨의 얼굴에 웃음이 한가득 번집니다.

"그냥 행복했어요. 공부하느라 스트레스 받을 때도 승훈이는 항상 절 즐겁게 해줬어요. 승훈이가 아는 노래가 정말 많았거든요. 제가 승훈이더러 주크박스라고 했을 정도였어요. 제가 '승훈아, 이 노래 불러줘' 라고 하면 승훈이는 1초도 망설이지 않고 그 노래를 불러줬어요. 절 너무 재미있게 해줬어요."

재홍 씨는 자기가 좀 특이하긴 한가 보다고 말합니다. 그냥 승훈 씨랑 노는 게 좋답니다. 지난 겨울에는 승훈 씨와 한강에 가서 오리배를 타려고 했답니다. 그런데 너무 추워서 오리배 운행이 중단되자 근처에 있는 놀이터에서 그네를 타고 서로 밀어 주며 놀았습니다. 끌어안고 사진도 찍었습니다. 스물다섯 총각들끼리 말이죠.

친구는 무엇인가요. 우정이란 무엇인가요.

우정은 나의 있는 그대로의 모습을 보여도 그가 나를 받아들여 주리라는 두터운 신뢰감을 바탕으로 합니다. 하지만 우정에도 거리가 필요합니다. 내 것도 네 것도 없는 관계, 타인의 내밀한 세계를 침범하는 관계를 우정이라 말하지는 않습니다. 진정한 우정

✗ ✗ ✗

일수록 상대가 상처받지 않도록, 상대가 나로 인해 기쁨을 느낄 수 있도록 더 신경 쓰게 됩니다.

재홍 씨를 만난 날, 다리를 다쳐 절뚝거리는 재홍 씨가 화장실을 가겠다고 하자 승훈 씨가 따라 일어섰습니다.

"재홍아, 너는 다리가 아프니까 내가 화장실까지 같이 가줄게."

배려할 줄 아는 태도는 엄마가 가르쳤지만 배려의 마음까지 가르칠 수는 없습니다. 배려의 마음은 자연스럽게 우러나는 것이니까요. 승훈 씨가 재홍 씨를 이렇게 배려할 수 있는 건, 친구인 재홍 씨를 정말 정말 좋아하기 때문이겠지요.

어쩌면 재홍 씨에게도 승훈 씨는 오아시스 같은 존재가 아닐까 합니다. 잘 적응하는 척, 평범한 척 하기 위해 우리는 스스로의 본모습을 감춰야 합니다. 모난 사람이 되지 않기 위해 견뎌야 하는 피로는 상당합니다. 일로 만난 사람들과 친구가 되기 힘든 이유도 바로 그 때문이겠지요. 서로가 서로를 끊임없이 평가하고 얻을 것과 잃을 것을 계산하는 사이이기 때문이겠지요.

오랜 친구가 소중한 이유는 그래야 할 필요가 없기 때문입니다. 오래된 티셔츠처럼 편안한 사이이기 때문입니다. 아무리 세월이 흘러도 변하지 않기 때문입니다. 승훈 씨는 재홍 씨에게, 재홍 씨는 승훈 씨에게 바로 그런 존재일 겁니다.

편견 없는
세상에서

　　사람들은 장애인이라는 존재를 불편해 하고 불쌍해 합니다. 어떤 사람들은 두려워하거나 무서워하기도 합니다. 또 어떤 사람들은 불쾌하게 생각하기까지 합니다.

　　엄마는 승훈 씨의 장애에 대해 항상 이렇게 이야기합니다.

　　"알면, 잘 알게 되면 무서워할 필요가 없어요."

　　그래서 엄마는 열심히 장애이해교육을 다닙니다. 승훈 씨의 이야기가 방송에 나간 후 알음알음 엄마에게 상담과 강의 요청이 들어오기 시작했습니다. 승훈 씨를 키우느라 청춘을 다 보낸 엄마로서는 상상도 못했던 기회였습니다.

처음에는 고통 속에 빠져 있는 비슷한 처지의 엄마들에게 작게나마 도움이 될 수 있을까 싶어 무료봉사로 시작한 일입니다. 장애아를 키우는 하루하루가 도저히 감당할 수 없을 정도로 힘들 때, 비슷한 경험을 한 자신이 손을 내민다면 누군가는 그거라도 덥석 붙잡지 않을까 싶어서였습니다. 엄마 역시 그러고 싶었기 때문입니다. 엄마 역시 원장선생님을 비롯한 많은 이들로부터 그런 도움을 받았기 때문입니다.

이제는 서울 전역의 학교나 기관에서 강의 요청이 옵니다. 장애를 연구하는 학자가 아니라, 장애아를 치료하는 의사가 아니라, 장애아를 직접 키운 엄마의 강의는 인기 만점입니다.

엄마는 어려운 이론이 아니라 현실적인 방법을 알려 줍니다. 장애아를 키우는 데 무엇이 가장 중요한지 알게 합니다. 당신은 혼자가 아니라고, 여기에 수많은 장애아와 그 부모들이 있다는 걸 보여 줍니다. 함께 웃고 울고 다독이면서 이 난관을 헤쳐 나가보자고 합니다. 장애아를 키우는 것이 그저 형벌만은 아니라는 것을 몸소 증명합니다.

엄마는 장애인의 부모님들이나 관련 직업 종사자뿐만 아니라 일반 학생들에게도 강의를 합니다. 한창 냉소적이고 타인에게 관심이 없는 10대 학생들입니다. 장애이해교육이라고 해서 지루하고 형식적인 강의를 예상한 아이들은 우선 엄마와 승훈 씨가 출연

장애아를 키우는 하루하루가 도저히 감당할 수 없을 정도로 힘들 때,
비슷한 경험을 한 자신이 손을 내민다면
누군가는 그거라도 덥석 붙잡지 않을까 싶어서였습니다.

한 TV 프로그램을 보게 됩니다. 아이들은 숨을 죽인 채로 열심히 영상을 봅니다.

20분 남짓의 프로그램이 끝나면 불이 켜지고 그 앞에 엄마와 승훈 씨가 짠하고 나타납니다. 아이들은 와아, 하고 소리를 지릅니다. 연예인이 나타나도 이보다 놀라지는 않을 것 같습니다.

"연예인 같아요!" "예뻐요!" "잘 생겼어요!"

이렇게 소리치는 친구들도 있습니다. 아이들은 승훈 씨의 인사에 절로 박수를 치고, 엄마의 이야기를 들으며 눈을 반짝입니다.

수업이 끝나면 더 재미있는 풍경이 펼쳐집니다. 수줍은 얼굴들이 승훈 씨에게 악수를 하자고 합니다. 안아 봐도 되냐고도 합니다. 함께 사진도 찍습니다. 엄마는 이 아이들이 쓴 감상문을 하나도 버리지 않고 다 보관하고 있습니다. 어느 하나 건성으로 쓴 것이 없어 더 놀랍습니다. 또박또박 쓴 글자가 종이 한 장을 넘을 때가 많을 정도로 빼곡합니다.

아이들은 하나같이 장애에 대한 편견을 고백하고 이 만남의 특별함, 그리고 자기 주변의 장애인들에 대한 시각이 달라졌음을 솔직하게 적습니다. 나도 승훈 씨의 친구들처럼 장애인들에게 좋은 친구가 되어 주고 싶다는 순수한 다짐도 합니다.

학생들뿐만 이 강연에 열광적인 것은 아닙니다. 엄마가 4년 동안 장애이해교육을 하고 있는 수도여자고등학교에서는 가끔 선생님들도 이 교육에 참석할 때가 있습니다. 나이가 지긋한 한 선생님은 엄마의 강연을 듣기 전에는 장애학생 통합교육에 부정적이었다고 고백했습니다. 장애아들이 왜 일반학교에 와서 다른 학생들에게 피해를 주는 건지 이해할 수 없다고도 했습니다. 그런 선생님이 엄마의 강연을 듣고 생각이 완전히 달라졌다고 말했습니다.

이들이 엄마의 강연에 감동을 받은 것은, 생각이 달라지고 편견이 사라졌다 고백하는 것은, 장애인과 함께 지낼 때의 이해득실을 하나하나 따졌기 때문이 아닐 겁니다. 장애가 있음에도 평범하게 살아가기 위해 노력하는 승훈 씨와 승훈 씨를 이렇게 키운 엄마에게 인간적인 감동을 받았기 때문입니다.

장애인들을 향한 비장애인들의 마음을 열기는 쉽지 않습니다. 누구나 장애인이 되거나, 장애인의 가족이 될 수 있는데 사람들은 내 일이 아니라고 생각합니다. 장애가 오직 특별한 이들에게 닥치는 불행일 뿐이라고만 생각합니다. 내 일이 아니라서, 특별한 일이라서 관심이 없습니다. 두려워하거나 무시합니다. 그런데 엄마와 승훈 씨는 그 모습만으로도 그들의 얼어붙은 마음을 녹입니다.

전문 강사도 아니고 공부를 많이 한 것도 아닌 엄마가, 승훈 씨의 손을 잡고 어둠 속을 헤매던 엄마가 이제 인기 강사가 되었습니다. 강의료를 많이 받는 것도 아니고 사비까지 털어 학생들에게 줄

내가 좀 그런 말을
듣는 편이지...

오빠 짱 멋있어요!

✗ ✗ ✗

여자고등학교
강의라 좀 떨려요.

선물을 사는 엄마가 이 일을 하는 이유는 단 한 가지입니다. 승훈 씨가 살아갈 세상을 만들어 주기 위해서입니다.

이 강의를 듣는 어린 학생들 중에 단 몇 명이라도 장애인들을 편견 없는 시선으로 바라볼 수 있게 된다면 이들이 나중에 승훈 씨 같은 장애인들에게 일자리를 줄 수도 있을 겁니다. 친구가 되어 줄 수도 있겠지요. 최소한 길에서 장애인들을 만났을 때 차가운 시선을 보내지는 않을 겁니다. 그런 세상에서 승훈 씨가 살 수 있기를 바라는 엄마는 오늘도 열심히 승훈 씨에 대해, 장애에 대해 알리러 다닙니다.

엄마의 이야기에 눈을 빛내는 학생들을 만나고 돌아올 때마다, 그 학생들이 예쁜 글씨로 쓴 소감문을 읽을 때마다 엄마는 가슴이 벅찹니다. 그리고 이렇게 생각합니다.

'아, 세상은 이렇게 아름다운 곳이구나.'

장애이해교육 소감문

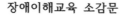

저는 평소에 장애인 이나 신체 약자, 정체적 약자자 같은 사람들이 대해서 관심이 많았어요.

이번에 강의를 듣다 우연히 접하게 되었는데 정말 의미있고 시건이 있는 것 같아요.

무엇보다 좋았던 점은, '진심'이 느껴져서 정말 좋았어요. 작년에 장애인의

날을 맞아서 학교에서 동영상을 틀어주었는데, 거기 등장한 (어떤) 여학생과 연예인이

지연되어 남주민들이 사람에 바지는 이야기였어요. 현장감도 듣지 않았고, 왜 장애인을

이상하게 받아들이면 안되는 지에 대해 진지 다뤄지 않은 내용이었어요. 여러거 사진을

올려 본인과도 신분이 둘러서 너무 보기 났고, 당황했어요. 왜 이렇게 희한한 영상을

가지고 편견과 혐오와 사랑하는 게끄는 걸까 걸까? 이런 생각이요.

그런데 이번에 한 장애이해교육은 진짜 오기가 많았어요. 장애는 '특별'이 아니라 '다른' 것 일

뿐 이건 사람도 존중 할 만한 시간이었습니다. 정말 감사합니다. 나중이 동이 보이게 되면

으로 방해의 정말한 장애인언어를 수많은 들을 자원하고 싶어요.

그래도 '착해도 대한민국에서 '장애'에 대한 인식과 정화 좋아지고 있는 것을 느낌있다.

점점 '사회적 약자'에 대해 여러 관심들 가늘이고 있는 것 같아요. 최근 웹툰에 (NAVER)

'나는 귀머거리다'라는 제목의, 장애를 가지고 사는 사람이 자신의 경험을 엮은 모지로 한

작품이 올라왔더라. 거기에 정한 사람들의 당니라 이야기들을 들으며 점점 희망을 가져게 되는것 같아요.

언젠가는 우리에도 장애를 가진 아가가 태어나도 아무걱정도 없게 무모하게 축하 인사

를 건네게 될 것 이라고요. 그렇기에 당신은 참 멋진 사람입니다. 당신은 지금

세상을 변화시키고 있으니까요.

앞으로 당신과 같은 사람이 늘어났으면 좋겠습니다. 다시한번 정말 너무 감사합니다.

장애이해교육 소감문

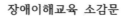

12월 17일 목요일, 5교시에는 장애이해교육을 위해 7,8,9반이 함께 멀티미디어실에

모였었다. 처음엔 점심시간 끝나고 가슴빵게 들어갔다가 살짝 늦어서 문을 조반한게 열고 맨 뒷자리

에 가서 앉았다. 사실 난 눈이 좋지 않아 안경을 쓰고 들어갔어야했는데...

아쉽지만 나레이션으로 걸 들으면서 영상에 집중하였다. 영상의 주인공은 바로 자폐증상을 가진

고등학생이였다... (이름이 정확히 기억이 나지않는다... ㅠㅠ) 처음엔 영상을 보며 히트를 들어보서

그런지 살짝 따뜻한 거 같기두하고... 출렁출렁 말랑 하다가 ∨영상을 보니 엄청 대단한 장애인

이였다. 선천적 자폐아였으며 지능이 9세라 소개되었었는데, 엄마에게 돈을 받아 홀로 전철가가

가능해져 혼자 지하철을 타고 싶은 하려다니기도 했다. 정말 더 대단해서 집중이 확되었다.

그 옆에는 한 여자 친구가 나왔는데, 초등학교때부터 중학교때까지 같이 다녔던 소유미

경군라하였다. 되게 신기하였고, 의외였다. 남자인 장애인친구를 같이 놀기두하고

도움을 줬었다니 정말 대단하였다. 태훈이 소유미로서 나도 좀 더 반성하는 계기가

되었다. 2개의 영상을 연달아 보다보니 초등학교 이름과 고등학교 이름이 나오고, 같은

관악구민 이라는 점도 알 수 있게되었다. 되게 신기했고 집중이 잘되었는데

방송이 딱! 끝나고!! 멀티미디어실에서 누가 나오는데 소음이 잘∼ 들렸다

바로 영상의 주인공이 였던것이다! 소음이 순간 꽉 끼칙 면서 바라보니 '승훈'

오빠의 어머니도 같이 나오셔서 우리에게 장애인 교육을 돕아주었다.

현 재는 2개의 일바로 등하며 홀로 누군가에게 선물을 사다줄수 있는 능력까지

자월다고한다. 나 자반에게도 감사하다는 말은 몇 번이고 되뇌었지만, 나도

행복해야겠다는 결심이 다시들었다. 그 장애인 오빠는 우리를 위해 신라면도

준비해서 "고등학교 방송 열심히 공부해∼" 라며 격려도 해주셨다

그냥 영상만 보는 따분한 강의(?)가 아닌 실제 인물이 나와서 실화를 들어주니

더 흥미진진하였고 재미있었다. 다음에 장애이해교육이 또있다면 이러한

강의를 듣고싶다. 장애이해교육은 장애인도 이해하고 배려할수 있다는 것도 깨달았지만,

내 삶을 되돌아보기도 했던 시간 같다.

소 감 문

오늘 장애이해 시간을 가지고 나서 장애인에 대한 의식이 전보단 많이
바뀌었다. 전에는 장애인이 무섭고 해서 다가가기가 그랬는데
어떻게 보면 장애인들이 일반인들 보다 훨씬 생각이나 그런게 더
괜찮다고 생각했다. 장애인이라고 피하고 놀리고 그렇게 해야
될게 아니라 더 존중해주고 이해해줘야 한다고 생각했다.
장애인도 자신이 장애인이 되고싶어서 태어 난게 아니니깐 조금 더
내가 입장바꿔서 생각해 봐야할거 같고 내가 만약 장애인으로
태어났더라면 나는 사회생활에 적응도 못했을거 같다.
장애인이 우리보다 정신연령이나 그런게 낮거나 부족하긴해도
나름대로 우리도 장애인한테 배워야할것도 있다고 생각한다.
서로서로 이해해주고 도우며 살아가면 분명 차별없는 세상이
될거 같다고 오늘 크게 알았습니다!!

마음의
부자가 되는 법

엄마는 장애인의 부모님들에게 강의를 할 때마다 이렇게 말합니다.

"내 아이가 장애인이라면 내가 먼저 비장애인 엄마들에게 다가가야 해요. 그 사람들에게는 우리가 얼마나 부담스럽겠어요? 먼저 밝게 웃고 인사를 건네고 밥도 좀 사주고 그러세요. 그래야 그 사람들도 우리에게 마음을 열죠. 우리가 그들과 어울려야 우리 아이들도 그들의 아이들과 어울릴 수 있잖아요."

엄마의 말은 너무 솔직해서 따끔하게 들립니다. 그래도 화를 내는 사람은 없습니다. 엄마가 얼마나 힘든 세월을 거쳐 왔을지 설명하지 않아도 다 알기 때문입니다.

오랫동안 같은 동네에서 산 한 이웃은 말합니다. 승훈 씨 엄마는 항상 먼저 다가와서 밝게 인사를 건네는 사람이었다고 말입니다. 엄마는 아이의 장애에도 주눅 들지 않고 당당한 사람이었답니다.

다른 학부모님들은 선생님에게, 반 아이들에게 내 아이를 잘 부탁한다는 뜻으로 학년 초에 간식이나 선물을 돌리곤 하는데, 승훈 씨 엄마는 반대로 학년이 끝날 때 그렇게 했다고 합니다. 지금껏 도와 줘서 고맙다고요. 그걸 보고서 이웃은 승훈 씨 엄마가 참 괜찮은 사람이라 느꼈다고 합니다.

도움을 받기도, 주기도 부담스러워 하는 요즘 사람들은 타인과 관계를 맺는 것이 어렵습니다. 다들 외롭지만 내가 타인의 영역을 침범할까봐, 타인에게 내 영역을 침범당할까봐 지레 겁을 먹습니다. 가끔은 이 관계로 인해 내가 얻을 것과 잃을 것을 따져보기도 하지요. 하지만 관계라는 건 도움을 주고받거나, 폐를 끼치고 폐 끼침을 당하지 않고는 성립되기 힘듭니다.

승훈 씨와 엄마는 그간 많은 도움을 받으며 살아왔습니다. 엄마는 어쩔 수 없이 자존심을 버리고 먼저 손을 내밀어 도움을 청했습니다. 그러지 않으면 누구도 먼저 다가와서 손을 잡아주지 않는다는 걸 깨달았기 때문입니다.

재미있는 사실은 이들을 도운 사람들이 하나같이 나는 도운 것이 아니라고 말한다는 데 있습니다. 돕는다는 마음으로는 이렇게 오랜 인연을 이어오기가 힘들었을 거랍니다. 그저 관계를 맺고 싶었을 뿐이라는 겁니다.

사람과 사람이 관계를 맺는 데는 당연히 노력이 필요한 것처럼 이들도 승훈 씨, 그리고 엄마와 관계를 맺기 위해 노력했던 것뿐이랍니다. 자신이 할 수 있는 선에서, 진심을 다해 말이지요.

승훈 씨의 외할머니, 그러니까 엄마의 엄마는 참 별난 분이셨다고 합니다. 섬마을 가난한 과부였던 외할머니는 비만 오면 가마솥 한가득 죽을 끓이셨습니다. 그 어마어마한 양의 죽을 외할머니는 온 동네 사람들에게 나눠 주었습니다. 뭐든 같이 나눠야 한다고요. 비 오는데 따끈한 죽 한 그릇 같이 먹으면 얼마나 좋겠느냐고요.

그뿐만이 아니었습니다. 섬이라 가끔씩 뭍에서 보따리를 짊어진 행상들이 찾아오곤 했습니다. 그러면 외할머니는 그들을 집으로 불렀습니다. 보잘것없는 찬에도 따뜻하게 밥을 지어 대접하고 잠자리까지 마련해 주었습니다. 그러고도 대가를 바라지 않았습니다. 행상들은 고맙다며 떠날 때 팔다 남은 물건을 조금씩 떼어 주고 갔습니다. 그리고 다음번에 또 외할머니를 찾아 왔지요.

남에게 폐 끼치는 것을 질색하면서 뭐라도 생기면 남들과 나누는 외할머니를 엄마는 이해할 수 없었다고 합니다. 그런데 이렇게 나이가 들어 부모가 되어보니 엄마도 똑같은 행동을 하고 있더랍니다. 뭐라도 나누려고, 주려고 애쓰고 있더랍니다. 심지어 장애인인 아들 승훈 씨까지 그렇게 하게 시켰습니다.

이제 엄마도 알기 때문입니다. 받기만 하는 사람이 아니라 줄 수 있는 사람이 되면서 느끼는 만족감이 얼마나 큰지 말이지요. 사람과 사람이 관계를 맺는 데 먼저 베푸는 것만큼 중요한 것이 없다는 것을 말이지요. 아무리 가난해도, 아무리 부족해도 무언가를 나눌 수 있다면 그 순간 그는 부자가 된다는 것을 말이지요.

승훈 씨네는 많은 사람들로부터 도움을 받고 또 폐를 끼치며 살아왔지만, 그때마다 내가 할 수 있는 가장 사소한 것으로 감사를 표시하고, 또 나보다 못한 이들을 돕기도 하면서 착실히 그 빚을 갚아나갔습니다. 이를 통해 평생을 이어갈 값진 관계를 만들 수도 있었던 것이겠지요.

그저 곁에
있어 주는 것

승훈 씨에게는 가족도 있고 친구도 있고 선생님도 있습니다. 직장 동료들도 있습니다. 교회 형, 누나, 동생들도 있습니다. 하지만 승훈 씨가 이들과 맺는 관계는 평범한 우리들이 맺는 관계와는 조금은 다르고, 또 조금은 특별한 것입니다.

함께 있어도 승훈 씨는 많은 말을 하지는 않습니다. 때로는 같은 자리에 있을 뿐, 혼자서 휴대폰만 들여다보거나 자기만의 세계에 빠져 있어 당황스럽기도 합니다. 과연 승훈 씨가 누군가와 함께 있고 싶은 것인지, 함께 있다는 것의 의미를 아는지 의심스러울 때도 있습니다.

승훈 씨는 마치 화성에서 온 사람 같아서, 평범한 우리들이 맺는 관계의 크고 작은 규칙들에 대해서는 좀처럼 익숙해지지가 않습니다. 그럼에도 함께 있다는 건 중요합니다. 그건 표현하지는 못해도 느낌으로는 아는 거니까요.

《네모난 못》이라는 책을 쓴 작가 폴 콜린스는 자폐아인 아들을 키우고 있습니다. 그는 어느 날 스타벅스에 앉아 있다가 이상한 남자를 목격합니다. 이 남자는 아무에게나 다가가 대뜸 전구 색깔에 대해서 열변을 토합니다. 이 사람에게 이야기를 하고 나서는 또 다른 사람에게 똑같은 이야기를 합니다. 남자의 이야기를 듣던 똑똑해 보이는 학생들은 처음에는 당황하더니 나중에는 친구들과 눈짓을 교환하며 그를 비웃고 어느 순간에는 아예 없는 존재 취급을 하며 쳐다보지도 않습니다.

자폐아를 아들로 둔 작가는 남자가 왜 그러는지 이해할 것 같기에 학생들에게 화가 납니다. 하지만 정작 남자가 자신에게 다가와 또다시 전구 색깔에 대해 떠들자 어찌 할 바를 모르고 맙니다. 그는 집에 돌아오는 길에 교회 앞 계단에 앉아 웁니다. 그러면서 생각합니다.

'언젠가, 어디에선가, 누군가가 내 아이에게 잔인하게 굴 거라는 생각을 견딜 수가 없다. 아니면 그 아이가 마치 거기 없는 것처럼 행동할 거라는 생각을.'

모두가 모인 자리에서 아무도 승훈 씨에게 말 한 마디 건네지 않고 관심조차 보이지 않으면 가족들은 마음이 아픕니다. 물론 승훈 씨가 우리와 다른 건 사실입니다. 게다가 보통 사람들은 장애인을 만나 가까이 지낼 일이 거의 없기에 어떻게 해야 할지 몰라 당황하는 것도 당연합니다.

장애인이건 비장애인이건 사람과 사람이 관계를 맺는 건 쉽지 않습니다. 억지로 한다고 되지 않습니다. 다만 거꾸로 생각한다면 승훈 씨 같은 발달장애인들은 때 묻지 않은 순수한 마음을 갖고 있기에 오히려 관계 맺기가 더 쉬울 수도 있습니다.

얼마 전 승훈 씨는 지인으로부터 초대를 받았습니다. 몇 주 전부터 승훈 씨는 매일같이 초대한 이에게 메시지를 보내고 전화를 걸어 약속을 확인했습니다.

"7월 2일에 안양에 초대하는 것을 환영합니다."

"보고 싶어요. 7월 2일에 안양에서 만나는 거예요."

"7월 2일에 이벤트가 있어요."

만남의 의미를, 관계의 규칙을 모르는 승훈 씨이지만 이 만남이 너무나 기대되었던 것이 분명합니다. 이 초대가 너무나 좋았던 것이 분명합니다. 그런 마음을 승훈 씨는 거르지 않고 아이처럼 솔직하게 표현합니다.

모임에 초대되는 건
언제나 설레요.

+ + + + +

승훈 씨와의 만남에 거창한 것은 필요 없습니다. 그저 이름을 불러 주고 잘 지냈냐고 한 마디 해주는 것으로도 승훈 씨에게는 큰 기쁨입니다. 한 번 집으로 초대해서 같이 라면이나 끓여 먹어도 좋습니다. 너를 잊지 않고 있다는 것, 좋아한다는 것을 느끼게 해주면 됩니다. 그냥 곁에 있어 주는 것만으로도 괜찮습니다. 그것만으로도 승훈 씨에게는 충분합니다.

　　그저 이런 식으로 가볍게 생각한다면, 승훈 씨나 승훈 씨 같은 장애인의 친구가 되어 주는 것도 별로 어렵지 않은 일입니다. 대신 우리는 승훈 씨를 만나면서 그의 엉뚱함과 순수함에 마음이 무장 해제되는 즐거움을 맛볼 수 있겠지요. 그리고 우리가 함께 보내는 몇 시간은 세상에서 가장 천천히, 그리고 평화롭게 흘러가겠지요.

매일매일
행복하게

얼마 전 승훈 씨는 느닷없이 경기를 일으켜 응급실에 가야 했습니다. 원래 자폐성장애인들은 어릴 때 종종 경기를 일으키곤 합니다. 그러다 성인이 되면서 차차 그 횟수가 줄어들지요.

그런데 성인이 되어 경기를 일으키면 위험한 상태에 이를 수도 있다고 합니다. 승훈 씨는 최근에 이런 적이 없었기 때문에 가족들은 물론이고 친구들도 놀랐습니다.

엄마는 이만큼 키워서 사회로 내보냈으면 이제 행복한 일만 남은 줄 알았다고 했습니다. 한숨 돌려도 되겠다 싶기도 했습니다. 그런데 이번 일을 계기로 끝인 줄 알았는데 끝이 아니었다는 사실을 다시금 깨달았다고 합니다. 장애는 치료될 수 있는 병이 아니기에 끝이 없는 것입니다.

엄마는 다시금 마음을 다졌습니다. 승훈 씨와 함께 하는 현재를 소중히 여겨야겠다고요. 현재의 행복을 미루지 않겠다고요. 그래서 생일에만 가던 패밀리 레스토랑도 두 달에 한 번은 가주기로 했다고 합니다. 승훈 씨가 좋아하니까요.

지난 봄, 볕 좋은 날에는 오랜만에 가족끼리 김밥을 싸서 소풍을 가기도 했습니다. 승훈 씨를 키우며 나이를 먹은 부부가 다 자란 승훈 씨, 민경 씨와 함께 풀밭에 자리를 깔고 둘러앉아 김밥을 나누어 먹으며 봄 햇살을 즐겼습니다. 이렇게 평화로운 날이 올 거라고는 상상도 못했던 옛날을 떠올리면서요.

어떤 이는 승훈 씨가 출연한 방송을 보고 승훈 씨가 일하는 카페에 찾아온 적이 있다고 합니다. 그는 이렇게 말했습니다. 방송에서는 승훈 씨가 완벽한 정상인처럼 보여서 기대를 했었다고요. 그런데 실제로 보니 아직도 특이한 자폐 행동을 하더라는 겁니다. 여전히 정상이 아니라는 생각이 들어 조금 무서웠다고도 했습니다.

모르는 사람들은 이런 오해를 할 법도 합니다. 승훈 씨가 혼자 버스를 타고 지하철을 탄다고 해서, 사람들과 눈을 맞추고 이야기를 한다고 해서, 일을 하고 돈을 번다고 해서, 승훈 씨의 장애가 사라진 것은 아닙니다. 비장애인이 된 것은 아닙니다.

야외에선 뭐니뭐니
해도 김밥이지.

매일매일 행복하게,
그것 말고 우리가 할 수 있는 일이
또 있을까요?

✦ ✦ ✦ ✦ ✦

장애는 나을 수 있는 병이 아닙니다. 승훈 씨는 자폐라는 장애를 끌어안은 채로 사회에 적응한 것일 뿐입니다. 승훈 씨의 이야기는 그래서 특별한 것입니다.

　　이 이야기는 한 장애인의 성공 스토리가 아닙니다. 우리의 인생은 한 치 앞도 알 수 없는 것입니다. 인생의 어느 한 면만 보고 성공이라고, 또는 실패라고 평가할 수 없습니다. 인생은 그저 살아가는 일일 뿐, 평가의 대상이 아닙니다. 승훈 씨의 인생 역시 현재진행형입니다.

　　그러나 매일매일 행복하게, 그것 말고 우리가 할 수 있는 일이 또 있을까요? 우리는 늘 미래를 생각하며 언제나 불안함과 초조함, 조급증에 빠집니다. 지금 가방을 둘러메고 학교로 가는 내 아이가 영원히 집으로 돌아오지 않을 수도 있습니다. 오늘이 내가 이 세상에서 보낼 마지막 날일 수도 있습니다. 그런데 우리는 미래를 위해 현재를 포기합니다. 올지도 안 올지도 모를 미래를 위해서요.

　　미래에 대한 희망을 가지고 현재를 살 수 있다면, 현실에 함몰되지 않고 현재를 충실하게 살아갈 수 있다면 얼마나 좋을까요. 행복은 어느 날 갑자기 짠하고 나타나는 것이 아니라 하루치의 작은 행복들이 조금씩 모여 이루어지는 것일 테니까요.

　　지금껏 승훈 씨 엄마의 인생이 고통과 인내로만 점철된 것은 아닙니다. 반대로 그 시절이 성공의 과정처럼 보일 수도 있겠지만, 그때는 한 치 앞도 알 수 없는 똑같은 하루하루의 반복일 뿐이었습니다. 그러나 그 괴롭고 끝없는 시간들 속에도 분명 작은 기쁨과 행복과 성취감이 있었습니다.

돌이켜 보면 엄마는 성공을 위해 달렸던 것이 아니라 매일매일을, 바로 현재를 충실히 살기 위해 노력했을 뿐입니다. 아들이 곁에 있다는 것에 감사하고 그 아이가 조금씩 나아지는 모습을 보며 행복하고 뿌듯했을 겁니다. 그것이면 족했습니다. 바로 그것이 이 가족의 오늘이 행복할 수 있는 이유겠지요.

우리는 이 세상에서
함께 살아가는 이웃들

　가끔 어딘가에서 승훈 씨를 닮은 사람들을 봅니다. 혼잣말을
하며 돌아다니고 이상한 웃음을 짓고 특이한 행동을 하는 사람들
을요. 전에는 그들이 무서웠습니다. 하지만 승훈 씨를 만나고 난 후
에는 그들과 마주칠 때마다 승훈 씨 생각을 합니다.

　아, 지금 그들은 자신만의 세계에 있구나. 그들은 위험한 존재
가 아니구나. 그들도 승훈 씨 같은 사람들이구나.

　일본의 그림책 중에 《기요보의 좋은 하루》라는 책이 있습니
다. 주인공 기요보는 팔과 다리가 불편한 지체장애아입니다. 엄마
는 볕 좋은 아침이면 마당에 멍석을 깔고 기요보를 그 위에 데려다

멋있게 잘라주세요.

승훈이 어머니
보세요.

To. 어울마
아름마 어제 감빵! 하고 잤는데요
저희 5학년자 아버지예요.
6학년때 저가 문제를 꺼냈어요
저는 5학년자 아버지예요 (웃음..)
아! 그리고 체험상에 오는
길하였는데, 산을 닿아서 같
아 이어서 돌발잡는(?)여 반생
한입니다! 승훈이에게 잘 말씀
해 주세요 (지금 라운미사 문
이요)
4/29 from 이원선

놓습니다. 그러면 기요보는 하루 종일 멍석을 밀고 마당 이곳저곳을 기어 다니며 놉니다.

그렇게 놀다 보면 친구들이 하나 둘 기요보를 찾아옵니다. 어린 여자애들은 기요보와 함께 멍석 위에서 소꿉놀이를 하고 남자아이들은 칼싸움을 하면서 기요보에게 인사를 건넵니다. 기요보는 일어나서 뛰어놀 수는 없지만 어쨌든 거기에 있고, 어쨌든 마을 아이들의 친구입니다.

장애가 없는 사람과 장애가 있는 사람이 어울려 살아가는 좋은 세상의 모습은 아마 이럴 거라고 생각합니다. 이렇게 따뜻한 풍경이 평범한 것이라면 그 세상은 얼마나 좋은 세상일까요.

그런 세상이 되려면 우선, 엄마가(꼭 엄마가 아니라도 상관없습니다만) 기요보를 마당에 내놓아 바깥 구경을 할 수 있도록 해야겠지요. 그것만으로는 부족합니다. 집 대문도 활짝 열어두어야 합니다. 동네 아이들이 마음껏 드나들 수 있도록 말입니다.

또 기요보가 행복한 아이로 자랄 수 있도록 장애를 인정한 채로 아이를 아낌없이 사랑해 주어야겠지요. 아이의 행복한 마음은 친구를 끌어당기는 매력이 될 테니까요.

또 동네 어른들은 자기 집 아이들이 기요보네 집에 갈 수 있도록 아이에게 마음껏 놀 자유시간을 주어야겠지요. 더불어 기요보처럼 몸이 불편한 아이를 배려하는 법도 가르쳐야겠지요. 어른들도 기요보를 볼 때마다 다정히 인사를 건네고 말을 붙여 주어야겠지요.

승훈 씨를 볼 때마다 얼마나 많은 자폐성장애인들이나 다른 장애인들이 승훈 씨처럼 적절한 보호와 사랑을 받으며 살고 있을지 궁금해집니다. 승훈 씨도 초점 잃은 눈으로 괴상한 소리를 반복하고 자해를 멈추지 않는 중증 장애인으로 자랄 수 있었습니다. 승훈 씨도 세상을 향한 문을 굳게 잠근 채 혼자만의 세계에서 빠져나오지 못할 수 있었습니다. 사랑이 무엇인지 우정이 무엇인지 살아 있는 기쁨이 무엇인지도 모를 수 있었습니다.

하지만 승훈 씨는 그리 되지 않았습니다. 거기에는 물론 엄마의 역할이 가장 컸습니다. 그러나 엄마가 전부는 아닙니다. 엄마는 단지 승훈 씨가 집 밖으로, 세상 속으로 나갈 수 있도록 준비해 준 것뿐이라고 말합니다. 나머지는 승훈 씨의 몫이었습니다. 그리고 승훈 씨가 세상 속에서 잘 적응할 수 있도록 많은 이들이 따뜻한 눈으로 지켜봐 주고 손을 내밀어 주었습니다.

20년째 한 동네에 살 수밖에 없는 것도 승훈 씨가 환경 변화에 취약하기 때문만은 아닙니다. 이 동네에 오래 산 사람들은 거의 대부분 승훈 씨를 압니다. 그래서 어릴 때부터 승훈 씨가 어디에 있는지, 위험한 일을 당하지는 않았는지 지켜봐 주었습니다. 승훈 씨를 괴롭히는 아이들이 있으면 달려가서 구해 주었고 엄마에게 알

려 주었습니다. 초등학교 때부터 단골이던 문방구 사장님, 슈퍼마
켓 사장님 들은 어눌한 말투에 특이한 행동을 하는 승훈 씨가 찾
아와도 조금도 이상하게 생각하지 않고 승훈이 왔느냐며 활짝 웃
으며 반겨 줍니다.

이 이야기는 어쩌면, 수많은 발달장애인 중 차승훈이라는 한
특별한 남자의 이야기일 수도 있습니다. 같은 자폐성장애라 하더
라도 그 정도와 양상은 제각기 다릅니다. 그리하여 우리는 이 이

야기가 엄마의 눈물겨운 노력으로 장애를 딛고 일어선 특별한 장애인의 이야기가 되지 않기 위해 신경을 쓰지 않을 수 없었습니다. 그것은 엄마도 바라는 바가 아닙니다.

승훈 씨는 성인이지만 어린아이와 같은 존재입니다. 남들의 도움 없이도 충분히 일상생활을 할 수 있지만, 그것이 승훈 씨에게 누구도 필요치 않다는 이야기는 아닙니다.

승훈 씨 엄마가 바라는 것은 우리를 도와 달라, 배려해 달라, 이해해 달라는 것이 아닙니다. 엄마가 바라는 것은 장애인과 비장애인이 함께 섞여 행복하게 살아갈 수 있는 세상입니다. 장애인도 비장애인을 배려하고, 비장애인도 장애인을 배려할 수 있다면 서로가 서로에게 부담스러운 존재가 아닐 겁니다.

아들을 남에게 폐 끼치지 않고 자기 몫의 삶을 혼자 힘으로 살아갈 수 있도록 열심히 키웠으니, 세상이 그 아들을 위해 문을 활짝 열어 주기를 엄마는 바랍니다.

조금 다르다고 해서, 조금 늦다고 해서, 조금 특별하다고 해서, 조금 모자라다고 해서 그 문을 닫아버리는 세상은 좋은 세상이 아닙니다. 그리고 승훈 씨 같은 장애인뿐만 아니라 비장애인인 우리도 언제고 약자가 될 수 있기에, 우리가 살아가는 세상이 그런 좋은 세상이기를 바랍니다. 장애인이건, 비장애인이건, 우리는 모두 이 세상에서 함께 살아가는 이웃들이니까요.

쿨한 승훈 씨

승훈 씨는 지인들에게 휴대폰 메신저로 자주 연락을 합니다. 휴대폰에 저장된 전화번호가 어찌나 많은지, 이 정도면 인맥왕이라 해도 좋을 정도입니다.

우선은 인사로 시작합니다. '날씨가 좋아요' '비가 오네요' 'ᄊ' 같은 것들입니다. 상대가 답을 하고 뭔가를 물으면 이모티콘을 보내거나 '네' 라는 단답형으로 답합니다.

전화를 걸 때도 있습니다. 역시나 다정한 인사 또는 "보고 싶어요" 같은 말로 시작하지만 끊을 때는 가차 없습니다. 보통 사람들은 용건이 끝난 후에도 "그래, 끊을게" "잘 있어" "안녕" "다음에 보자" "들어가" 라고 한 마디 덧붙일 텐데, 승훈 씨는 그런 의례적인 말들이 무슨 의미인지를 모릅니다. 그저 용건만 말한 후 상대가 말을 하고 있건 말건 단호하게 끊어버립니다.

　엄마는 이런 것 때문에 오해를 살까 걱정이 되어 짬이 날 때마다 승훈 씨와 휴대폰을 하나씩 손에 들고 전화 걸고 끊는 연습을 하고 있습니다. 하지만 이 부분은 아직 잘 고쳐지지 않는다고 하네요.

　우리에게는 그런 면들이 서운하기보다는 재미있고, 무례하기보다는 순수하게 느껴집니다. 아무튼 쿨한 승훈 씨입니다.

용건만 간단히!

무슨 생각을 하고 있을까요

승훈 씨는 종종 자기만의 세계로 빠져듭니다. 거울 속의 자기 얼굴을 바라보며 혼잣말을 하기도 하고 손가락을 얼굴 앞에 갖다 대고 중얼거리기도 합니다. 혼자 웃기도 합니다. 계속해서 몸을 흔들고 빙글빙글 돌거나 음악이 나오면 춤을 출 때도 있습니다.

잘 모르는 사람에게는 그런 승훈 씨가 이상해 보이겠지만, 승훈 씨를 잘 아는 사람들에게는 그렇지 않습니다. 그럴 때 승훈 씨는 무척 편안해 보입니다. 만족스러워 보이기도 합니다. 긴장을 풀고 있는 것처럼 보입니다.

엄마는 궁금합니다. 아들이 무슨 생각을 하고 있는지요. 무슨 말을 하고 있는지요. 하지만 우리 역시 마음속과 머릿속에는 다른 이들은 함부로 들어올 수도 없고 들이지도 않는 자기만의 세계가 있는 것처럼, 승훈 씨에게도 그런 세계가 있는 것이겠지요.

그러니 그런 승훈 씨를 너무 이상하게 보지 않아 주셨으면 합니다. 그저 승훈 씨가 우리처럼 공상에 빠져 있구나, 하고 생각하시면 된답니다.

사실 우린 모두
특별한 사람들

승훈 씨에 관한 책을 쓰느라 생전 들여다볼 일이 없었을 자폐증에 관한 책들을 읽어야 했습니다. 승훈 씨를 알려면 자폐증이 무엇인지부터 알아야 했기 때문이지요.

책 속에는 다양한 자폐성장애인과 그 증상들이 있었습니다. 자폐를 이겨내고 타인과 소통하며 학자의 삶을 살아가는 사람이 있는가 하면, 시설에 갇힌 채 인간이라고도 동물이라고도 할 수 없는 상태로 살아가는 사람도 있었습니다.

어쨌든 세상이 자폐성장애인을 바라보는 시각은 같습니다. 아무리 노력해도 그들은 언제나 '혼자 있는 사람'들입니다.

장애가 있는 아이를 둔 작가 폴 콜린스는 《네모난 못》이라는 책에서 마이크로소프트의 창업자 빌 게이츠도 자폐성장애의 일종인 아스퍼거 증후군이었을 가능성을 제기합니다. 실제로 '이름을 밝히지 않은 마이크로소프트 간부'가 내놓은 기부금 수백만 달러로 설립된 자폐성장애 센터도 있다고 합니다. 컴퓨터의 창시자라 할 수 있는 영국 수학자 앨런 튜링(영화 《이미테이션 게임》의 주인공)도 비슷한 인물이었지요.

언제나 연구에 푹 빠져 있었고 학교에서 의사소통 방식을 배우는 것에는 아무 관심이 없었으며, 다른 사람의 의도를 파악하는 것에 대해서도 희한할 정도로 무심했다. 다른 사람과 이야기를 나눌 때에도 관심은 무언가 다른 곳에 쏠려 있고 마주 선 사람과 눈을 맞추지 못했다. 몸동작은 굼뜨고 두뇌는 정밀했다.

– 폴 콜린스, 《네모난 못》 중에서

이런 사람들은 분명 일반적인 사회생활이나 대인관계에 어려움을 겪는 사람들일 겁니다. 그러나 그런 성향이 컴퓨터와 수학의 세계에 몰두하는 데는 도움이 되었을 테지요. 그들이 장애인인가요? 비정상인가요? 그렇지는 않습니다. 그들은 우리가 가장 좋아하고 또 즐겨 사용하는 기기들을 만드는 사람들입니다. 그리고 우리의 친구이자 이웃이기도 하지요. 때로는 동경의 대상이기도 하고요.

평범한 사람들, 이 사회의 구성원으로 살아가기 위한 눈에 보이지 않는 온갖 규칙들을 순순히 따르며 살아가는 사람들의 내면에도 꾹꾹 억누른 무의식적 충동이 있으리라 생각합니다. 그래서 종종 우리는 신문의 사회면에서 끔찍한 범죄나 해괴한 사건이나 추문 같은 것을 접하는 것이겠지요. 그러고 보면 장애인과 비장애인이 다른 점은 거기에 있는 건지도 모릅니다. 우리는 정상인 체하면서 살 수 있습니다. 하지만 그들은 생긴 대로만 살 수 있습니다.

그러고 보면 정상과 비정상의 경계는 무엇인가 싶습니다. 장애와 비장애의 경계는 또 무엇일까요. 이 세상에서 정상인 사람은 대체 누구입니까. 완벽한 정상이라 분류할 수 있는 사람은 어떤 사람인가요.

우리는 누구나 자신만의 크고 작은 장애와 함께 살아갑니다. 그것에 비관하거나 함몰될 수도 있습니다. 그러나 그것을 이겨내거나, 또는 잘 달래가며 함께 살아갈 수도 있습니다. 물론 혼자만의 힘으로는 버겁습니다. 승훈 씨처럼 엄마와 가족, 친구와 이웃들의 사랑과 지지가 있다면 조금 수월해질 겁니다. 우리에게 사랑과 지지가 필요한 이유는 바로 그 때문이겠지요.

이 책을 쓰는 일은 자폐인, 장애인이 아니라 차승훈이라는 한 사람을 알아가는 과정이었습니다. 그는 제가 아는 누구보다도 개성 넘치고 멋지고 또 따뜻한 사람입니다.

그를 만나고 돌아오는 길에는 이상하게 피식피식 웃게 됩니다. 행복하고 만족스러운 기분이 들어서입니다. 냇가에서 주운 아주 예쁜 돌들을 주머니가 늘어지도록 가득 집어넣고 온 기분입니다.

장애인이라는 이름표를 붙이기 전에 그 사람의 이름을 먼저 보는 것이 중요하다는 걸 부끄럽게도 이렇게나 늦게 깨닫게 됐습니다. 그 사람의 이름을 먼저 보면 그는 수많은 장애인들 중의 하나가 아니라 고유의 개성을 지닌 한 사람이 됩니다. 장애 역시 그의 독특한 개성 중 하나인 것이죠. 우리가 그저 인간일 뿐 아니라 각자의 역사와 성격과 성향과 취향을 지닌 지구상에서 유일한 한 사람인 것처럼 말입니다.

그리하여 이제 저에게 그는 자폐성장애인이 아닙니다. 이제 그는 멋진 남자 차승훈입니다.

마음의 속도

초판 1쇄 발행 2017년 3월 6일
초판 3쇄 발행 2019년 12월 20일

지은이   한수희, 박미영
펴낸이   박미경

펴낸곳   마루비
등록   제 2016-000014호
주소   서울시 마포구 토정로37길 51(염리동 172-10), 3층
전화   02-749-0194
팩스   02-6971-9759
메일   marubebooks@naver.com
페이스북   www.facebook.com/marubebook

ⓒ 한수희, 박미영 2017
ISBN 979-11-955121-3-3 03370

*책값은 뒤표지에 있습니다.
*잘못된 책은 바꿔 드립니다.

이 도서의 국립중앙도서관 출판예정도서목록(CIP)은 서지정보유통지원시스템 홈페이지
(http://seoji.nl.go.kr)와 국가자료공동목록시스템(http://www.nl.go.kr/kolisnet)에서 이
용하실 수 있습니다.(CIP제어번호: CIP2017003475)